Monika Kubach
Neues von der Fratze mit Hut

Über die Autorin:

Monika Kubach wurde 1970 geboren. Da kann man auch wirklich nichts machen.

Sie organisiert einmal im Jahr den *Nordic Ironing Man*. Dieser Mehrkampf besteht aus vier Disziplinen:

Ironing
Die Teilnehmer bügeln jeweils eine norwegische Flagge, auf der sie in der vorangegangen Nacht schliefen, bis sie faltenfrei ist.

Crunching
Die Teilnehmer essen eine Packung schwedisches Roggenknäckebrot, ohne einen Hustenanfall zu bekommen. Das Mitbringen von Getränken ist strengstens untersagt. Bei der anschließenden Untersuchung durch den Mannschaftsarzt muss der Befund *Staublunge* eindeutig ausgeschlossen werden, um an weiteren Disziplinen teilnehmen zu können.

Boozing
Die verbliebenen Teilnehmer trinken finnischen Lakritzschnaps, bis die Hälfte von ihnen unterm Tisch liegt oder freiwillig aufgibt.

Vomiting
Am nächsten Morgen stehen die restlichen Teilnehmer um fünf Uhr auf und singen die dänische Nationalhymne. Wer sie trotz Brummschädel am lautesten und fehlerfrei singt, hat gewonnen und darf dafür sorgen, dass die Wettkampfstätte besenrein übergeben werden kann. Die Definition von *übergeben* ist in den Wettkampfregeln detailliert erklärt.

Bisher erschienen:

Gut gelaufen, Thisbe! – Ida Obersteyns Tagebuch 2011
ISBN 978-3-8448-1891-8
150 Limericks – Eine Reise durch Deutschland
ISBN 978-3-8482-2790-7

Monika Kubach

Neues von der Fratze mit Hut
Satiren

Bibliografische Information der Deutschen Nationalbibliothek:
Die Deutsche Nationalbibliothek verzeichnet diese Publikation
in der Deutschen Nationalbibliografie; detaillierte bibliografische
Daten sind im Internet über www.dnb.de abrufbar.

Copyright © 2014 Monika Kubach
Copyright © Umschlagabbildung 2014 Monika Kubach
Herstellung und Verlag:
BoD – Books on Demand, Norderstedt

ISBN 978-3-7386-0025-4

Inhalt

Das neue Cover – Ein Fotoshooting 6
Mein neues Dinkelbrötchenimage 19
Zwergkaninchens großer Tag 27
Wellness 33
Feuerzangenbowle 40
Die Vernissage 48
Pseudo-Pseudonymsuche 51
Nr. 36581 oder beim Bagger links 55
Restaurantbesuch 62
Product-Placement 65
Friseurbesuchversuch 70
Gezwitscher 76
Der Weihnachtsbaum 81
Die drei Hexen 84
Traditionelle Tänze 95
Spam-Sülze 101
Der Armreif 104
Bewegungsbewegung 112
Sport ist Mord 119
Erleuchtung 125
Zu Risiken und Nebenwirkungen 131
Rasenentgrasen 137
Happy Birthday 144
Verschwörungen 152

Das neue Cover – Ein Fotoshooting

Nachdem ich mich fünf Minuten lang geärgert hatte, dass das Cover meiner Debütsatire braun statt dunkelrot war, tat ich, was ich in solchen Fällen immer tue: Ich ging zu meiner Nachbarin, um mich mal kräftig auszujammern und sie um ihren weisen Rat zu bitten. Heike war zwar gerade dabei, die Fenster zu putzen, aber sie unterbrach ihre Arbeit gerne, um ganz für mich da zu sein, und kochte uns einen Kaffee. Wir setzten uns ins Wohnzimmer, wo mich ihr Hund Cindy schwanzwedelnd begrüßte. Als ich Heike das Cover zeigte und auf die farbenblinden Trottel beim Dienstleistungsverlag schimpfte, nahm sie mir das Buch aus der Hand und betrachtete es angewidert. »Ist das das Cover? Oder ist das nur der Entwurf?«

»Das ist das fertige Buch.«

»Das ist nicht dein Ernst!«

»Es sollte halt schnell gehen.«

»Das sehe ich.«

Ich sank in meinem Sessel zusammen und schämte mich in Grund und Boden. Warum hatte ich Heike nicht früher um Rat gefragt? Sie hätte bestimmt tausend Ideen für das Cover gehabt. Schließlich hatte sie auch immer so aufwendige Kränze an ihrer Tür hängen. Sie legte mir die Hand auf die Schulter. »Na, nun lass mal den Kopf nicht hängen! Du kannst doch eine neue Auflage erstellen lassen.«

»Eine neue Auflage? Bin ich Krösus? Diese hier verkauft sich ja schon so gut wie nicht. Warum soll ich gutes Geld schlechtem hinterherwerfen?«

Heike sah mich strafend an. »Siehst du! Genau das ist dein Fehler! Mit einem gelungenen Cover würde sich dein Buch verkaufen wie nichts, da bin ich mir ganz sicher. Dieses Vogelnest ist zwar recht niedlich, aber das war es dann auch schon. Da denken die Leute höchstens im Vorbeigehen: ›Ach wie süß – sicher ein weiterer Gedichtband einer gelangweilten Hausfrau!‹ Aber stehen bleibt da heutzutage keiner mehr. Bei der Bilderflut in den Medien! Klar, ein Eisbärbaby oder ein schielendes Opossum – damit wäre das vielleicht was geworden, aber ein Vogelnest? Also, nee!«

»Das Foto haben wir im Norwegenurlaub selbst gemacht. Das Nest konnte man vom Schlafzimmerfenster aus gut sehen. Ich dachte, dass das zu der Satire passt, denn da geht es ja auch um eine große Familie mit Platzproblemen. Und außerdem sind mir in Südnorwegen bisher noch nie schielende Eisbärbabys über den Weg gelaufen.«

»Du solltest die Sache ernst nehmen, sonst wird das nichts mit der Karriere.«

»Welcher Karriere?«

»Na, deiner Autorenkarriere! Muss man dir denn alles erklären?«

»Entschuldigung!«

»Was machen die anderen Autoren so? Vielleicht kann man da ein paar Ideen klauen!«

Wir gingen mit unseren Kaffeebechern ins Arbeitszimmer und setzten uns an den Computer. Cindy folgte uns schwanzwedelnd. Heike klickte eine Weile lustlos in der Cybergegend herum. Viel erkennen konnte ich nicht, weil sich aus meiner Perspektive gesehen das Licht im Bildschirm spiegelte. Plötzlich schaute sie mich freudestrahlend an. »Ich hab's!«

»Schieß los!«

»Wir müssen uns zuallererst mit deinem Stammbaum befassen!«

Ich sah Cindy hilfesuchend an. Cindy blickte treuherzig zurück und wedelte schon wieder mit ihrer winzigen Körperverlängerung.

Heike seufzte. »Nicht Cindys Stammbaum! Deinem! Deinem Familienstammbaum! Irgendwelche ausländischen Vorfahren musst du doch haben, mit denen du dich als Autorin interessanter machen könntest!«

Ich dachte nach.

Heike beobachtete mich ungeduldig. »Also manchmal treibst du mich echt in den Wahnsinn! Nichts für ungut. Gehen wir mal systematisch vor: Woher stammen die Vorfahren deiner Mutter?«

»Aus Schlesien.«

»Na, super! Volltreffer! Schlesien ist doch was! Das gehört jetzt weitestgehend zu Polen. Da denken die Leute an billiges Benzin und Ostseeurlaub! Das ist ausbaufähig! Wie sieht ein Schlesier denn so aus?«

»Keine Ahnung. Auch nicht anders als wir, schätze ich.«

Heike schüttelte enttäuscht den Kopf. »Dann ist das auch nichts! Wir können dir ja schlecht fürs Coverfoto einen Benzinkanister und ein paar Muscheln in die Hand drücken. Das ist keine eindeutige Botschaft!«

»Coverfoto?«

»Ja, was dachtest du? Man könnte auch ein hübsches Bild malen, aber wir können nun mal beide nicht gut zeichnen. Ein Foto ist eine eindeutige Botschaft. Menschen lieben Menschen. Tiere sind nur was für Naturliebhaber.«

Ich schaute Cindy an, die sich aber mehr für meinen nervös wippenden Fuß begeisterte. Selbst Cindy interessierte sich für Menschen. Vielleicht hatte Heike recht. Aber so richtig konnte ich mich mit der Idee noch nicht anfreunden. »Ich hasse es, fotografiert zu werden.«

»Das hilft nichts. Da musst du jetzt durch. Das hättest du dir früher überlegen müssen, bevor du dein Buch geschrieben hast.«

»Aber schau mich mal an! Die Vögelchen sind ja wenigstens niedlich!«

»Das hängt ganz von deinem Image ab! Wir verpassen dir ein richtig cooles Outfit, und du wirst überrascht sein, wie toll du dann auf dem Foto rüberkommst.«

»Bist du sicher? Und an was für ein Image hast du da so gedacht?«

»Woher stammt denn die Familie deines Vaters?«

»Aus Baden.«

»Herrje! Keine ausländischen Vorfahren? Kann auch gerne etwas länger her sein.«

»Naja, die Vorfahren meiner Oma waren Hugenotten und flohen im 17. Jahrhundert aus Frankreich nach Baden.«

»Mensch Frau! Warum sagst du das nicht gleich? Frankreich! Das ist doch endlich mal was!«

»Wieso?«

»Na, weil man mit Frankreich viel Positives verbindet!«

»Die haben ein Kernkraftwerk an die Grenze gebaut ...«

»Jetzt stell dich nicht so an! Du glaubst doch wohl nicht, dass ich dich vor den Kühltürmen fotografiere. Nein, Frankreich, das ist das Land der Liebe, der Freiheit, Gleichheit, Brüderlichkeit!«

»Des Käses.«

Heike sah mich gnädig an. »Jetzt fängst du endlich an mitzudenken! Sehr gut!«

Ich fühlte mich geschmeichelt und lächelte selbstzufrieden vor mich hin, bis Heike fortfuhr: »Wir kaufen einen Tortenbrie, den du dir unter den Arm klemmst.«

»Tortenbrie? Und gleich ein ganzer? Ist das nicht zu teuer? Und was soll daran cool sein, bitte schön?«

»Na, ich dachte, wir setzen dir noch meine alte Baskenmütze auf. Dazu eine coole Lederjacke ...«

»Ein Tortenbrie unter dem Arm? Bist du sicher? Den will bestimmt hinterher keiner mehr essen – so wie ich vor Aufregung schwitze! Außerdem habe ich gar keine Lederjacke.«

Heike sah mich nachdenklich an.

»Aber ich habe eine. Aus Tante Marthas Erbmasse. Sie hatte in etwa deine Figur. Warte mal einen Augenblick.«

Sie verschwand in Richtung Dachboden und ich schaute Cindy zu, wie sie mit den Krallen Fusseln aus dem Wollteppich kratzte, die sie dann genüsslich verspeiste. Nach einer Weile kam Heike erwartungsvoll grinsend mit einer Lederjacke über dem Arm zurück. Wir gingen ins Schlafzimmer, ich zog das Ding über und blickte skeptisch in den Spiegel, aus dem mich eine total verängstigte 80er-Jahre-Bürotussi ansah. Heike wirkte aber plötzlich auch nicht mehr so zuversichtlich.

»Sorry, ich hatte das Teil irgendwie anders in Erinnerung. Rockiger und cooler. Die Haushaltsauflösung ist schon eine Weile her, und ich habe das Zeug einfach nur eingepackt. Ich dachte damals – weil es Leder ist – dann ist es zu schade für die Kleidersammlung, aber mit den Schulterpolstern siehst du ja aus, als hätte die Jacke dich überfallen und sich dir gegen deinen Willen übergezogen.«

»Hilfe.«

»Zieh sie wieder aus. Das Teil kommt weg. Damit blamiert man sich bloß. Jetzt weiß ich auch, warum meine Schwester mir damals das Ding so großzügig angeboten hat. Die schönsten Sachen hat sie sich nämlich alle selbst unter den Nagel gerissen.«

Ich zog die Jacke erleichtert aus und sah Heike erwartungsvoll an. Sie steckte das Lederungetüm in einen Plastiksack, in dem sich anscheinend bereits andere, aussortierte Kleidungsstücke befanden.

»Auf dem Weg nach oben habe ich mir auch überlegt, dass das mit dem Tortenbrie wohl eher keine gute Idee ist. Je nach Reifegrad wird der in der Wärme schnell mal schwabbelig und platzt womöglich schon nach zwanzig Fotos auf.«

»Zwanzig Fotos? Ich brauche doch bloß ein einziges Cover!«

»Na, bei einem Fotoshooting macht man immer hunderte Fotos und sucht sich anschließend das beste aus. Wusstest du das nicht?«

»Nein. Ich habe bisher höchstens mal Passfotos machen lassen. Und da waren es nur vier gleiche. Allerdings habe ich dabei auch nie verstanden, wozu die restlichen drei eigentlich gut sein sollen.«

»Na, jedenfalls hatte ich auf dem Weg nach unten eine Wahnsinnsidee!« Erwartungsvoll sah ich sie während dieser dramatischen Kunstpause an, bis sie fortfuhr: »Wir nehmen einfach ein Stangenweißbrot!«

Ich war begeistert, und beschwingt rief ich: »Dass man aber auch auf das Naheliegendste immer erst zuletzt kommt!«

»Ja, nicht wahr? Das habe ich mir auch gedacht! Also lass uns mal sehen, was wir bisher haben: Baskenmütze, Stangenweißbrot. Aber was ziehst du an?«

»Ich habe noch eine schwarze Spitzenbluse und ein dunkelrotes Top zum Darunterziehen. Ist das verrucht genug als französisches Outfit?«

»Ja, das könnte gehen. Aber das Top lässt du besser weg. Dann ist es noch verruchter.«

»Aber dann kann man durch die Löcher alles sehen!«

»Na und?«

»Was – na und? Das will doch keiner sehen! Schau mich doch mal an!«

»Du hast eines noch immer nicht begriffen: Je schlimmer der Verkehrsunfall, desto mehr interessierte Zuschauer bleiben stehen. Du musst dich jetzt langsam entscheiden, ob du ein richtig gutes Cover möchtest oder nicht. Denn sonst kannst du das braune Dingens mit den Piepmätzen auch gleich behalten. Das kaufen die Leute dann vielleicht gelegentlich aus Mitleid.«

»Du hast ja recht, Heike, aber ich schäme mich nun mal so!«

»Na gut, ich sehe es ein. Wenn du dieses panische Gesicht auch bei der Fotosession machen willst, dann ist das wirklich keine gute Idee. Du kannst das rote Top zum Beispiel vorn etwas weiter runterziehen. Dann wird der Ausschnitt größer. Man sieht dich auf dem Foto ja nicht von hinten.«

»Ja, danke, das kann ich machen.«

»Gut, dann such die Klamotten mal zusammen. Und vergiss den Fotoapparat nicht. Ich gehe währenddessen schnell zum Bäcker und kaufe das Stangenweißbrot.«

»Was? Jetzt?«

»Ja, natürlich jetzt. Was du heute kannst besorgen, das verschiebe nicht auf morgen.«

»Ich dachte nur, dass du doch die Fenster putzen wolltest.«

»Ach, das kann ich auch morgen noch erledigen. Mach dir deswegen mal keinen Kopf. Also los! Wenn ich zurück bin, klingle ich bei Dir.«

Ich ging nach Hause, suchte die Sachen heraus und wartete. Mir schlug das Herz bis zum Hals. Worauf hatte ich mich nur eingelassen? Hatte der Wahnsinn etwa einen Namen?

Und war dieser womöglich Heike? Eine Weile später klingelte sie, und mit weichen Knien öffnete ich die Tür. Sie sah mich ganz erstaunt an. »Du bist ja noch gar nicht umgezogen!«

»Ich dachte, dass ich die Sachen nur holen soll. Komm rein!«

Sie atmete tief durch, schaute dann aber etwas entspannter aus der Wäsche, und wir gingen ins Schlafzimmer. Ich zog mich rasch um, während Heike ihre Umhängetasche und die Brottüte auf dem Bett ablegte und eine riesige Menge an Schminkutensilien und Haarspray auspackte. Als ich fertig war, musste ich mich an die Frisierkommode setzen und bekam ein aufsehenerregendes Make-up, eine noch spektakulärere Frisur und als Krönung die Baskenmütze verpasst. Danach kam mir die Fremde, die mich aus dem Spiegel völlig entsetzt anstarrte, irgendwie bekannt vor. Heike hingegen sah sehr optimistisch aus. »Klasse! Genau so habe ich mir das vorgestellt. Und ich weiß auch schon, wo wir das Shooting veranstalten. Da dein Outfit und das Make-up in Dunkelrot gehalten sind, brauchen wir die Komplementärfarbe als Hintergrund. Eure Ligusterhecke ist schön grün und bestens dafür geeignet!«

Wo sie recht hatte, hatte sie recht. Ich klemmte mir das Stangenweißbrot unter den Arm, und wir gingen in den Garten. Dort erklärte mir Heike ganz genau, wie ich mich nach vorn beugen und auf die Lehne eines Gartenstuhls stützen musste, damit mein Ausschnitt besser zu Geltung kam, und wie ich das Weißbrot halten musste, damit es auch mit ins Bild kam, das oberhalb des Gartenstuhls abgeschnitten werden sollte. Das war gar nicht so einfach! Sie machte so circa fünfzig Bilder. Anschließend gingen wir zurück in Heikes Arbeitszimmer und setzten uns an den Computer. Sie übertrug die Fotos auf den Rechner und wir begutachteten das Ergebnis.

»Gar nicht übel!«, meinte Heike. »Du hast so etwas Authentisches. Das kommt bestimmt gut an!«

»Du findest mich in dem albernen Fummel authentisch?«

»Authentizität kann durchaus künstlich geschaffen werden. Was glaubst du, worauf so manche deutsche Fernsehschauspielerin ihre Karriere aufgebaut hat?«

Ich gab ihr recht. Trotzdem schaute ich entsetzt auf die Bilder und konnte mich gar nicht entscheiden, welches am scheußlichsten war, denn sie waren alle gleich furchtbar. Heike schien das anders zu sehen. »Man kann sich gar nicht entscheiden. Die sind alle super. Am besten sortiere ich mal die aus, die aus fototechnischer Sicht nicht infrage kommen.« Sie löschte munter einen großen Teil der Bilder, und bei jedem Klick fühlte ich mich gleich ein bisschen besser. Wahrscheinlich hoffte mein Unterbewusstsein, dass am Ende gar kein Bild mehr übrig sein würde, aber es wurde enttäuscht. Heike lehnte sich zurück und betrachtete mit Kennerblick die verbliebenen fünf Bilder. »Auf dem da siehst du ein bisschen verängstigt aus und auf dem da panisch, aber das da wäre was. Oder lieber das?«

Ich schaute gar nicht hin, denn inzwischen war mir einfach alles egal. Ich nickte nur mechanisch und Heike zog eines der Fotos in ein Bildbearbeitungsprogramm. »So, dann wollen wir dich mal ein bisschen schlanker machen und dir obenrum dafür noch etwas gönnen.«

»Was meinst du damit?«

»Na, Bildbearbeitung. Noch nie davon gehört? Auf welchem Planeten lebst du? Glaubst du etwa, die Mädels auf den Titelseiten sehen wirklich so aus? ›Keine halben Sachen‹ ist die Devise! Ich nudle da sämtliche Urlaubsbilder durch, bevor ich sie der Familie zeige. Britney ist furchtbar empfindlich, was ihre Hautunreinheiten angeht. Seither gibt es kein Gezicke mehr, wenn ich mal ein Familienfoto machen möchte.« Sie schob und klickte munter herum, und ich sah wieder Cindy zu, die sich inzwischen der Schrankecke zugewandt hatte, welche bereits etliche Zahnabdrücke besaß.

»So! Fertig!«

Ich war entsetzt. »Ich sehe ja aus wie Lara Croft für Arme!«

»Du hast aber auch immer etwas zu meckern!«

»Nee. Also. Nee. Also, schau doch mal! Nee!«

»Na, gut! Dann nehmen wir halt das Originalbild. Vielleicht hast du recht, und es ist etwas authentischer als dieses hier. Ich habe mir gedacht, dass wir den Buchtitel hier platzieren und den Untertitel da unten. Bleibt es beim Originaltitel, oder willst du dir da auch etwas Schmissigeres ausdenken?«

»Eigentlich nicht. Warum? An was hast du gedacht?«

»Wie gefällt dir ›Gut gebrüllt, Ida!‹?«

»Och, nö. Ich glaube, ich bleibe lieber bei ›Gut gelaufen, Thisbe!‹. Jetzt habe ich mich schon so daran gewöhnt.«

»Wie du willst. Es ist schließlich dein Buch. Jetzt brauchen wir nur noch ein Foto für die linke, obere Ecke. Die ist ein bisschen kahl.«

»Vielleicht können wir da das Vogelnest hinpacken?«

»Jetzt verabschiede dich bitte von deinem Urlaubsfoto. Das kannst du dir meinetwegen daheim an den Kühlschrank tackern, aber zu der coolen Braut auf deinem Cover passt das einfach nicht mehr!«

»Stimmt. Du hast recht.« Ich gab mich geschlagen. Heike suchte bei Wikipedia herum. Ich schaute ihr über die Schulter und wunderte mich. »Was machst du gerade?«

»Ich suche einen Schriftsteller aus Frankreich.«

»Wozu?«

»Na, wenn die Leute einen berühmten Schriftsteller auf deinem Cover sehen, dann denken sie, dass du auch etwas Besonderes bist.«

»Aber mein Buch hat gar nichts mit einem Schriftsteller zu tun!«

»Es geht hier ja auch nicht um den Inhalt sondern das Cover!«

»Das sehe ich ein. Ein französischer Schriftsteller. Hm. Guy de Maupassant?«

»Wer?«

»Guy de Maupassant.«

»Von dem habe ich noch nie gehört. Wie schreibt der sich denn?«

Ich tippte den Namen schnell selbst ein, und Heike fiel beinahe in Ohnmacht. »Das kommt überhaupt nicht infrage! Wie der Kerl schon aussieht! Den reinsten Pornobalken im Gesicht!«

»Das war damals so Mode.«

»Dann müssen wir weiter in die Vergangenheit zurück.«

»Wie wär's mit Molière?«

Sie tippte den Namen ein und lehnte sich entspannt zurück.

»Jo. Ne. Jo. Der sieht eigentlich ganz niedlich aus. Ja. Was hat der so geschrieben?«

»Der eingebildete Kranke. Der Menschenfeind. Der Geizige ...«

»Ach, nee! Wie destruktiv! Das hätte ich dem süßen Fratz gar nicht zugetraut. Gab es da nicht mal so einen, der Dante hieß?«

»Ja, der Autor der Göttlichen Komödie. Der war aber Italiener.«

»Komödie? Na, das ist doch gut! Die Menschen lieben Komödien. Und Dein Buch ist ja auch ein Anekdotenbuch ...«

»Eine Satire. Aber ...«

»Oder eine Satire. Ich kenne mich nicht so aus mit den Witzbüchern.«

»Aber Dante war Italiener. Und die Göttliche Komödie ist eigentlich ...«

»Na, und? Die Leute lieben Italien.« Sie klickte wild herum. Ich schaute ihr wieder über die Schulter. »Was machst du?«

»Ich nehme das Bild von Dante und baue es in dein Cover ein.«

»Muss man dazu nicht erst die Bildrechte kaufen?«

»Ach was. Der ist schon lange tot. Da gibt es gar keine Rechteinhaber mehr.«

»Bist du sicher?«

Sie bastelte eifrig herum, und ich sah ihr dabei zu. Nach einer Weile lehnte sie sich seufzend zurück. »So, fertig! Wie findest du es?«

Oben stach in gelber Schrift der Buchtitel aus der grünen Ligusterhecke. Darunter beugte sich eine verkniffen lächelnde Nutte nach vorn. Ganz unten kam dann rechtsbündig der Untertitel des Buchs. Aus der linken unteren Ecke zeigte Dante mit ausgestrecktem Arm auf meinen Ausschnitt. Ich brachte erst einmal keinen Satz heraus. Heike betrachtete ihr Werk eingehend und schwieg ebenfalls. Nach einer Weile sah sie mich an und lächelte schüchtern. »Wir können das mit der zweiten Auflage aber auch lassen. Dein Vogelfoto ist eigentlich ganz reizend.«

Cindy sah mir mit einem wissenden Blick direkt in die Augen. Dann senkte sie den Kopf, und es sah aus, als würde sie nicken.

Mein neues Dinkelbrötchenimage

In Bäckereien stoße ich regelmäßig an meine intellektuellen Grenzen. Daher hatte ich vor Aufregung ganz weiche Knie, als ich gestern dort endlich an der Reihe war. »Zwei Dinkelkürbiskernbrötchen, bitte.«
»Dinkelkürbiskernbrötchen führen wir leider nicht.«
»Oh! Haben Sie die aus dem Sortiment genommen?«
»Nein, wir hatten noch nie Dinkelkürbiskernbrötchen!«
Ich war etwas verwirrt, denn ich hatte drei Tage zuvor Dinkelkürbiskernbrötchen dort gekauft, die dem gutmütigen Göttergatten und mir hervorragend geschmeckt hatten, und daher wollte ich den Nachschub organisieren. »Haben Sie andere Brötchen mit Kürbiskernen?«
»Wir haben höchstens Dinkelkürbiskernspezialvollkornbrötchen.«
»Äh, die meinte ich eigentlich.«
»Das haben Sie aber nicht gesagt!«
»Zwei Dinkelkürbiskernspezialvollkornbrötchen, bitte.«
Das Murren in der langen Schlange hinter mir war mir nicht entgangen, und ich sank ein wenig in mich zusammen vor Scham. Ich war schuld, dass diese armen Leute ihre knappe Freizeit in einer Verkaufsfiliale für Bäckereierzeugnisse vergeuden mussten. Und das alles nur deshalb, weil ich mir lange Vokabeln noch nie gut merken konnte. Die Verkäuferin nahm währenddessen eine Papiertüte vom Stapel, öffnete sie vorsichtig, streifte einen großen Plastikhandschuh über ihre rechte Hand und füllte sorgfältig unter gelegentlicher Zuhilfenahme der linken Hand meine zwei Dinkelkürbiskernspezialvollkornbrötchen in die Tüte, die sie anschließend mit einem speziellen Origamitrick verschloss. Danach streifte sie den Handschuh wieder ab und tippte den Preis ein.

»Haben Sie sonst noch einen Wunsch?«
»Nein, danke.«

Ich bezahlte und verließ eilig den Laden, während die Dame hinter mir Weizensonnenblumenkernbrötchen verlangte, die aber leider auch nicht Bestandteil des Sortiments waren. Eigentlich wollte ich ja noch Brezeln holen, aber die lange Schlange in meinem Nacken hatte mich so nervös gemacht, dass ich aus Angst vor einer offenen Meuterei lieber verzichtet hatte, weil ich nämlich nicht wusste, ob dieses Backwerk *Brezel, Laugenbrezel* oder *Mit zu viel Salz bestreute Laugenweizenweißmehlbrezel* hieß.

Am Abend mussten wir uns dann mit den Brötchen begnügen, aber ich hatte ohnehin keinen Appetit und gab dem gutmütigen Göttergatten die Hälfte meines Dinkelkürbiskernspezialvollkornbrötchens ab. Ihm fiel natürlich sofort auf, dass mit mir etwas nicht stimmte, und wusste aber wahrscheinlich nicht so richtig, wie er mich am besten darauf ansprechen könnte, ohne meine Gefühle zu verletzen. Er verfiel dann auf seine bewährte Methode und stellte mir erst einmal eine scheinbar unverfängliche Frage: »Warum hast du keine Brezeln gekauft?«

»Der Laden war voll, und die Verkäuferin stand direkt davor. Da konnte ich das Schild nicht erkennen.«

»Welches Schild?«

»Das Schild, auf dem die Bezeichnung für die Brezeln steht.«

»Dazu brauchst du ein Schild? Die Bezeichnung für Brezeln ist *Brezel*.«

»Warum bist du dir da so sicher?«

»Gegenfrage: Warum bist du da so unsicher?«

»Weil ich mich in Bäckereien immer so dämlich anstelle. Ich verlange ständig Sachen, die es so nicht gibt, weil ich mir diese überlangen Namen nie merken kann.«

»Und deshalb kaufst du Dinkelkürbisbrötchen und lässt die Brezeln weg?«

»Eine zweite Diskussion hätte ich eben psychisch nicht mehr verkraftet.«

»Muss ich das verstehen?«

»Nein. Möchtest du noch Brot? Wir haben noch abgepacktes Brot aus dem Supermarkt?«

»Nein. Ich bin satt. Aber ich verstehe immer noch nicht dein Problem mit diesen Bäckertussis. Die sollen sich nicht so anstellen und ihre Ware herausrücken.«

»Das sind Bäckereifachverkäuferinnen.«

»Meinetwegen die auch.«

»Wie bestellt man denn die Dinkelkürbisdingsbumse, wenn man sich an den Namen nicht erinnern kann und die Verkäuferinnen vor dem Regal stehen?«

»Man bittet zum Beispiel die Verkäuferin, für einen Augenblick zur Seite zu treten, und deutet auf das Regal mit den Worten: Ich hätte gerne zwei von den Dingern in der dritten Reihe von oben. Ja, die Teile mit den Kürbiskernen!«

»Warum fällt mir so etwas nie ein?«

»Weil du es immer allen recht machen möchtest! Die Weiber merken das und lassen ihren Frust an dir aus. Steh du mal den ganzen Tag in so einer Filiale, dann wirst du auch schikanös!«

»Du meinst, die machen das mit Absicht?«

»Aber klar! Kein Mensch ist wirklich so blöd, wie sich manche anstellen. Das kann einfach nicht sein. Du musst eben nur selbstbewusst auftreten und den Herrschaften zeigen, dass sie so nicht mit dir umspringen können.«

»Ich will aber nicht unhöflich sein.«

»Was glaubst du, warum heutzutage selbst die dümmsten Trottel arrogant und großkotzig daherkommen? Wenn man nicht mitmacht, wird man für inkompetent gehalten.«

»Aber das sagt trotzdem nichts über die tatsächliche Kompetenz aus.«

»Nein, natürlich nicht. Aber wenn alle viel schlauer tun, als sie tatsächlich sind, dann fällt man natürlich unheimlich auf, wenn man sich nicht an diese Regel hält. Wenn man ein bescheidenes und höfliches Auftreten einmal unter diesem Aspekt betrachtet, dann kann man nur zu dem Schluss kommen, dass diese Person absolut, völlig und endgültig inkompetent sein muss, wenn das Ergebnis ihrer Aufschneiderei und Selbstbeweihräucherung so kläglich ausfällt.«

»Da ist natürlich was dran.«

»Geh das nächste Mal erhobenen Hauptes in die Bäckerei und verlange Brezeln. Und wenn sie dir mit irgendwelchen Gegenfragen oder einfach nur blöd kommt, dann schaust du dich Beifall heischend um und sagst: Sie haben keine Brezeln? Was ist denn das für eine Bäckerei? Na, dann kaufe ich eben in Zukunft bei der Konkurrenz!«

»Das kann ich nicht!«

»Natürlich kannst du das! Und du wirst sehen, dass die anderen Kunden sich auf deine Seite schlagen werden und man dich in Zukunft freundlich bedienen wird.«

Später am Abend ließ ich mir die ganze Sache noch einmal durch den Kopf gehen. Der gutmütige Göttergatte hatte völlig recht! Nur ist es meistens so, dass etwas in der Theorie vernünftig klingt und in der Praxis aber an einer schlechten Umsetzung scheitert. Ich fragte mich, warum manche Menschen mit Respekt behandelt werden und andere nicht, und kam zu dem Ergebnis, dass das am Image liegen muss. Während der Tagesschau sah ich mehrmals heimlich den gutmütigen Göttergatten von der Seite an und verglich sein Aussehen mit meinem. Aber das half mir auch nicht weiter, denn auch mit viel Make-up würde ich mein Gesicht nie so vertrauenserweckend kantig geschminkt bekommen. Das wurde mir rasch klar. Beim Anblick unserer Bundeskanzlerin kam ich auf die Idee, mir ein weibliches Vorbild zu suchen. Ich beobachtete sie ganz genau und fragte mich, warum sie so viel Kompetenz ausstrahlte, dass kaum jemand in der Bevölkerung ihre Ratlosigkeit bezüglich der Finanzkrise bemerkte. Ihr würde man bestimmt ohne viel Theater Dinkelkürbisgedöns verkaufen. Lag es an der Frisur? Lag es am Hosenanzug? »Du, Schatz?«

»Mmh.«

»Wie gefällt dir eigentlich das Image von Angela Merkel?«

»WAS???«

»Na, sie wird allgemein für kompetent gehalten, und man behandelt sie mit Respekt.«

»Äh, naja ...«

»Wie findest du ihre Frisur?«

»Merkwürdig.«

»Meinst du, mir würde so ein Hosenanzug auch stehen?«

»Probier's aus.«

»Meinst du, ich würde mit ihrer Frisur endlich ernst genommen werden?«

»Äh, ich nehme dich ernst! Ich war nur etwas überrascht und habe ein bisschen komisch reagiert und deshalb ...«

»Dich meine ich doch gar nicht. Ich meine beim Bäcker.«

»Denkst du immer noch über diese blöden Brötchen nach? Iss was! Vielleicht liegt das am Hunger.«

»Ich habe nur mal generell darüber nachgedacht, wie ich seriöser aussehen könnte. Schließlich bin ich eigentlich zu alt für Jeans und T-Shirt.«

»Finde ich nicht.«

»Meinst du, ich sollte mir mal eine neue Frisur machen lassen?«

»Kauf dir meinetwegen einen Hosenanzug, wenn du dich damit beim Bäcker selbstsicherer fühlst, aber mit der Merkelfrisur wäre ich an deiner Stelle vorsichtig!«

Der gutmütige Göttergatte hatte natürlich recht. Sind die Haare erst mal ab, kann man sie nur noch mithilfe von äußerst merkwürdigen Attrappen wieder verlängern. Prinzipiell hatte ich überhaupt nichts gegen Inderinnen, aber ihre Haare wollte ich nicht nachts auf meinem Kopfkissen haben.

Ich ging ins Bad und stellte mich vor den Spiegel. Mich blickte das blasse Gesicht einer schlecht frisierten Frau an, der ich auch nicht so ohne Weiteres Brötchen verkaufen würde, die nicht im Sortiment sind. Ich probierte noch ein paar Gesichtsausdrücke aus, aber die entmutigte Miene kam immer noch am natürlichsten rüber. Plötzlich fiel mir eine Internetseite ein, auf der man verschiedene Frisuren testen konnte. Ich startete voller Erwartung den Computer. Blinder Aktionismus war für mich schon immer die beste Ablenkung in Krisenzeiten. Aufmerksam las ich die Anleitung durch. Man sollte von sich ein Foto mit zurückgebundenen Haaren aufnehmen. Da sich meine Haare aber schlecht zurückbinden lassen wollten, setzte ich in meiner Verzweiflung schließlich eine schwarze Wollmütze des gutmütigen Göttergatten auf und zog sie bis zum Haaransatz hoch. Danach bat ich den etwas überrascht dreinblickenden gutmütigen Göttergatten, ein Portraitfoto von mir anzufertigen. Dieses lud ich auf der

Frisurentestseite hoch und ging ans Werk. Es gab dort wirklich alle möglichen Haarfarben und -schnitte zur Auswahl. Aber wie immer in solchen Situationen machte mich die Qual der Wahl noch ratloser. Ich rief den gutmütigen Göttergatten zu Hilfe, der seine Freude darüber, dass er bei solch einer wichtigen Entscheidung um Rat gefragt wurde, wie immer sehr gut zu verbergen wusste. Wir starrten beide angestrengt auf den Bildschirm, auf dem ich meinem Foto alle möglichen und unmöglichen Frisuren verpasste. Außer dem Geklacker der Tastatur und den gelegentlichen Schreckensschreien des gutmütigen Göttergatten herrschte Totenstille. Nach einer Weile hatte ich alle Frisuren durchprobiert, aber leider nichts gefunden. Was mich jedoch am meisten deprimierte, war die Tatsache, dass meine aktuelle Frisur überhaupt nicht dabei gewesen war. War sie so völlig abwegig, dass man sie den Anwenderinnen des Programms lieber gar nicht erst zur Auswahl anbot? Der gutmütige Göttergatte schaute währenddessen auf mein Mützenbild. »Das sieht ja eindrucksvoll aus.«

»Was?«

»Na, das Foto von Dir. Du schaust so ernst und entschlossen. Du wirkst dadurch sehr kompetent.«

Er hatte recht! Mir war das bis zu diesem Moment gar nicht aufgefallen. Aber es stimmte tatsächlich: Der unsichere Gesichtsausdruck war vollständig verschwunden. Auf dem Foto war eine ernst aber auch zuversichtlich dreinblickende Frau zu sehen, die eine schwarze Wollmütze trug, welche einen interessanten Kontrast zur hellen Gesichtsfarbe bildete. Der gutmütige Göttergatte setzte sich wieder an seinen eigenen Computer und ließ mich mit meiner Verwirrung allein. Ich ging zurück ins Badezimmer, setzte die schwarze Wollmütze auf und betrachtete mich lange im Spiegel. Danach behielt ich den Gesichtsausdruck bei und nahm die Mütze ab. Mir wurde plötzlich klar, dass ich gar keine neue Frisur brauchte, um kompetent zu wirken.

Am nächsten Tag fuhr ich in die Stadt und kaufte mir einen dunkelblauen Hosenanzug. Er stand mir ausgezeichnet, was mich sehr darüber hinwegtröstete, dass er so unbequem war. Aber da ich ihn nur für den kurzen Gang zum Bäcker brauchte und mich darin auch nicht lange hinsetzen wollte, war das eigentlich gar kein wirkliches Problem. Kaum war ich wieder zu Hause, machte ich mich mit klopfendem Herzen daran, mein neues Outfit anzulegen, um anschließend ein paar dieser Dinkeldinger zu kaufen. Ich zog trotz des warmen Wetters den Hosenanzug an, setzte die Wollmütze auf und ging mit forschem Schritt zum Bäcker.

»Ich hätte gerne zwei Dinkelkürbiskernweck, oder wie diese Dinger auch immer heißen, und zwei Brezel!«

Die Verkäuferin schaute zwar – wahrscheinlich durch mein neues Image schwer beeindruckt – ein wenig merkwürdig aus der Wäsche, erfüllte meinen Wunsch jedoch zügig und ohne nachzufragen.

Zwergkaninchens großer Tag

Donnerstags kommt bei uns immer die Müllabfuhr. Als ich gestern die geleerte Tonne wieder zurückgeschoben hatte, sah ich im Augenwinkel etwas durch unseren Garten hoppeln. Da ich zwar an den Anblick von Katzen, Vögeln, Eidechsen, Blindschleichen und in der Dämmerung sogar Mardern und Igeln gewöhnt war, kamen mir die Bewegungsabläufe dieses Zeitgenossen dennoch ungewohnt vor, und ich sah genauer hin. Wie die Überschrift unschwer erraten lässt, war es ein kleines Kaninchen, das über den Rasen hoppelte und mit wachsender Begeisterung die Gänseblümchen aufaß. Nun waren mir meine Gänseblümchen herzlich egal, da der gutmütige Göttergatte und ich in Bezug auf Gartenarbeit nach dem Motto leben: Hauptsache, grün und wenig Arbeit. Das schließt zwar weiße Gänseblümchen nicht wirklich ein – aber auch nicht wirklich aus, weil ihre Blätter grün sind. Streng genommen entsprach das Verhalten des Kaninchens sogar genau unserem Motto, weil es lediglich die weißen Blüten abbiss und das Grün stehenließ. Trotzdem entstand bei mir der Eindruck eines gewissen Handlungsbedarfs, da das Tierchen mit seiner Kombination aus geringer Körpergröße und adulten Bewegungsabläufen und mit der schwarz-weißen Fellzeichnung bei mir spontan keine Gedankenassoziation zu Wildkaninchen herstellte. Im Gegenteil. Außerdem fiel mir ein, dass seit ein paar Tagen in Heikes Garten ein großer Käfig stand, dem ich bis dahin zwar keinerlei Beachtung geschenkt hatte, den ich mir aber gut als geeigneten Aufenthaltsort für meinen Besucher vorstellen konnte. Wenn ich mich nicht täuschte, hatte Britney auch vor ein paar Tagen Geburtstag gehabt, da mir die eigenartige und viel zu laute

Musik noch gut – oder vielmehr scheußlich – in Erinnerung war.

Ich ging also schnell ins Haus, ans Fenster und ans Telefon und rief Heike an, während ich das Kaninchen nicht aus den Augen ließ. Nach kurzem Klingeln ging sie auch schon dran: »Hallo?«

»Heike, ich bin's: Monika. In meinem Garten hoppelt ein kleines, schwarz-weißes Kaninchen herum. Gehört das zufällig euch?«

»BRITNEY!!!«

Mir fielen fast die Ohren ab, aber beim zweiten Mal war ich erstens bereits etwas taub und zweitens besser vorbereitet. Ich hielt mir rechtzeitig die Ohren zu.

»BRITNEYYYYY!!!«

»Heike?«

»Die ist wahrscheinlich wieder unterwegs, und ich kann das Miststück selber einfangen. Bisher ist es bloß im Haus ausgebüxt, aber der Gartenkäfig ist wohl auch nicht sicherer. Ich komme rüber! Behalte es im Auge, und hilf mir es einzufangen.«

Mit diesen Worten legte sie auf. Ich wollte ihr zwar noch meine Hilfe anbieten, aber die war ja bereits angenommen worden. Ich schnappte mir also eine Baumwolltragetasche und lief in den Garten, wo ich sofort meine Schritte verlangsamte, um Mümmelmann nicht zu erschrecken. Der machte sich inzwischen in bewährter Weise über ein paar Rotkleeblüten her, die jedoch etwas höher waren als die Gänseblümchen, so dass er Männchen machen musste, um dranzukommen. Es blieb mir kaum Zeit mich zu fragen, ob er daheim nichts zu essen bekam, was ich mir bei Heike schwerlich vorstellen konnte, da kam sie auch schon angerannt und streckte ihre durch dicke Gartenhandschuhe geschützten

Hände nach meinem Gast aus. Der erschrak natürlich fürchterlich und ging ab durch die Mitte und unsere Ligusterhecke – Heike und ich mühsam hinterher. Frau Branner, in deren Garten wir uns dadurch unangemeldet befanden, schaute erschrocken aus ihrem Küchenfenster, das sie nach zwei Schrecksekunden öffnete. »Was ist denn? Ist was passiert?«

Heike verfolgte das Kaninchen, das auf dem Rasen im Kreis rannte, und ich verfolgte Heike, daher konnte ich Frau Branner nur im Vorbeirennen zurufen: »Britneys Kaninchen ist abgehauen. Wir versuchen es zu fangen. Bitte entschuldigen Sie die Störung. Wir versuchen auch, keinen Schaden zu machen.«

Aber Frau Branner reagierte auf ihre gewohnt gutmütige Art: »Ach, das macht nichts. Der zertrampelte Zierrasen richtet sich sicher in ein paar Tagen wieder auf, wenn ich ihn kräftig sprenge. Waidmanns Heil!«

Als sich das Fellknäul jedoch kurz darauf in der Blumenrabatte verschanzte, die Frau Branners ganzer Stolz war, wurde diese doch ein wenig blass um die Nase, wie ich aus den Augenwinkeln unschwer erkennen konnte. Trotzdem sah sie weiterhin tapfer hin und hielt sich lediglich etwas verkrampfter am Fensterrahmen fest.

»Kann ich Ihnen irgendetwas geben, mit dem Sie es hervorlocken können? Ich hätte hier etwas Petersilie oder Liebstöckel.«

Aber Mümmelmann hatten die Blüten einer Staude bereits in die Rabatte gelockt. Nerven hatte das Tierchen ja. Das musste man ihm lassen. Denn es begann seelenruhig, die Blüten aufzufressen, während Heike mit ausgestreckten, behandschuhten Händen sich anschlich, als wolle sie einen Würgemord begehen. Es kam natürlich, was an dieser Stelle in jedem Trickfilm kommt. Allerdings hat unsere Nachbarschaft eine kleine Besonderheit: Hanglage. Man kann also bequem von Frau Branners Garten auf das Garagendach ihrer Nachbarn und von dort auf das Hausdach derselben Nachbarn rennen, wie uns das Zwergkaninchen in jenem Augenblick tatkräftig veranschaulichte. Die Amsel, die in dem Moment auf dem Dachfirst saß, um ihr Revier zu bewachen, schaute den ungewohnten Besucher erst interessiert an, flog dann aber weg, als sich das Kaninchen auf dem relativ flachen Dach gemütlich näherte. Noch erschrockener als die Amsel sahen Heike und ich uns gegenseitig an. Allerdings nur kurz, da das in Richtung Dachfirst hoppelnde Kaninchen kurz darauf wieder unsere ganze Aufmerksamkeit in Anspruch nahm.

Frau Branner trat aus ihrer Terrassentür und blickte stumm in die gleiche Richtung wie wir. Das Kaninchen hielt am Dachfirst vorsichtig inne, schaute kurz zu uns herüber, als wolle es sich verabschieden, und kletterte über den First, um den Abstieg anzutreten. Überraschenderweise reagierte ich als Erste und lief die Stufen hinunter, die zu Branners Einfahrt führten, am Haus vorbei auf den Gehweg und entdeckte den kleinen Klettermax auf der zur Straße gewandten Dachhälfte. Sekunden später standen auch Heike und Frau Branner neben mir, und zu dritt beobachteten wir, wie das Zwergkaninchen immer schneller wurde und mit einem kleinen Plumps im Dachkanal verschwand.

»Wo ist es? Ich kann es nicht mehr sehen! Was erzähle ich bloß Britney? Wir müssen die Feuerwehr rufen. Die müssen es aus dem Regenrohr befreien!« So fassungslos hatte ich Heike noch nie erlebt. Merkwürdigerweise blieb ich diesmal ruhig, entschlossen und ideenreich. Vielleicht lag es daran, dass ich weder Töchter noch kaninchenbesitzende Töchter hatte. »Das landet bestimmt nicht im Regenrohr. Da ist ein Sieb davor, das die Blätter zurückhalten soll. Frau Branner, bleiben Sie bitte hier und passen Sie auf, wo es hinhoppelt. Heike und ich holen schnell eine Leiter.«

»Aber ich kann es gar nicht mehr sehen!«

»Umso besser! Dann wissen wir, dass es noch im Dachkanal ist.«

Wir ließen die verwirrt dreinschauende ältere Dame einfach stehen und rannten zu unserer Garage, um die Leiter zu holen, deren Anschaffung sich bereits häufiger rentiert hatte. Auf dem Rückweg schoss mir plötzlich der Gedanke durch den Kopf, dass vielleicht doch etwas an der Theorie dran sein könnte, dass Haustierbesitzer mehr Bewegung haben, auch wenn man das normalerweise eher auf Hundebesitzer bezieht.

Wir stellten die Leiter an den Dachkanal, aber da kamen mir plötzlich Bedenken. »Wir sollten zuerst um Erlaubnis bitten, bevor wir bei fremden Leuten am Haus hochsteigen.«

Heike machte eine wegwerfende Handbewegung, aber Frau Branner stimmte mir zu. »Die Scholzes sind etwas heikel. Ich gehe mal lieber klingeln. Mich kennt sie.« Was bei mir die Vermutung erzeugte, dass hauptsächlich Frau Scholz etwas heikel war. Wir warteten gespannt und hörten mehrmals die Türklingel durch das geschlossene Fenster, aber ansonsten blieb alles still. Frau Branner drehte sich mit ratlosem Gesichtsausdruck zu uns um. »Die sind wohl nicht daheim.«

Heike zeigt wieder ihre gewohnte Entschlossenheit: »Monika, du bist leichter als ich, zieh die Handschuhe an und klettere hinauf, ich halte die Leiter!«

Da bei Heike die Frage »Warum?« noch nie zu irgendeiner Planänderung geführt hatte, und die Frage »Warum ich?«

mir in dem Moment auch nicht erfolgversprechender erschien, zog ich auch diesmal brav die Handschuhe an, hängte mir die Baumwolltragetasche über den Arm und begann den Aufstieg. Eine gepflasterte Einfahrt macht einen sehr harten Eindruck, wenn man so auf sie hinabschaut. Darüber hatte ich früher nie nachgedacht.

Irgendwann kam ich tatsächlich oben an, auch wenn Heikes Ungeduld die Leiter zum Zittern gebracht und den Aufstieg noch zusätzlich verlangsamt hatte. Sobald mein Kopf über dem Dachkanal auftauchte, kam das Kaninchen auch schon herangehoppelt. Wer sich die ganze Zeit auf eine Geschichte über ein im Dachkanal wild hin- und herrennendes Kaninchen gefreut hat, den muss ich jetzt leider enttäuschen. Und auch als Scholzes Auto plötzlich in der Einfahrt auftauchte, ließ Heike zwar vor Schreck die Leiter los. Diese blieb jedoch einfach weiter dort stehen, wo wir sie hingestellt hatten, und ich war nicht gezwungen, mich am Dachkanal festzuhalten und albern mit den Beinen zu zappeln, während die Leiter in das liebevoll angelegte Blumenbeet fällt und alles platt macht. Nein. Tut mir leid. Im nächsten Buch vielleicht, wenn man mich durch schlechte Rezensionen wegen der Langeweile in diesem Werk entsprechend mürbe gemacht haben wird. Ich stand einfach nur auf der Leiter und hielt im Dachkanal die Tasche auf, in die sich das Kaninchen sanft hineindirigieren ließ. Als es drin war, hängte ich sie mir über die Schulter, stieg die Leiter wieder hinab und wurde erst, als ich bereits unten war, durch die Stofftasche und die Baumwollhose hindurch in die Hüfte gebissen. Warum heißt es eigentlich »Der Teufel ist ein Eichhörnchen.«?

Wellness

Was ich an Heike ganz besonders mag, ist ihre Kreativität und Hilfsbereitschaft. Deshalb war ich auch nur ein bisschen überrascht, als sie mich heute in der Schlange an der Supermarktkasse spontan umarmte und voller Mitleid rief: »Aber Monika! Wie siehst denn du aus? Bist du krank?«

Die Leute drehten sich alle zu uns um, und ich wunderte mich nur mal wieder über diese Gaffer. Zum Glück konnten sie durch diese verdammenswerte Verhaltensweise zumindest nicht auch noch in der Kassenschlange einen Stau verursachen, denn es ging ohnehin nicht weiter, weil die Kassiererin den Papierstreifen wechseln musste und sich anscheinend nicht besonders gut damit auskannte. Laut sagte ich: »Ich bin nur ein bisschen müde. In letzter Zeit schlafe ich so schlecht und wache ständig auf.«

»Ein bisschen? Ein bisschen ist gut! Diese Augenringe, die blasse Haut, das fahle Haar – dagegen müssen wir unbedingt etwas unternehmen!« Sie zerrte mich am Arm aus der Kassenschlange, nahm meinen Wagen und steuerte energisch das Kühlregal an. Ich fühlte mich plötzlich tatsächlich ganz schlecht und kam kaum hinter ihr her, was aber auch an meinen neuen Schuhen liegen konnte. Bei Schuhgröße 37 sollte man vielleicht besser keine Sechs-Zentimeter-Absätze tragen, aber beim Schuhkauf hatte mich mal wieder die Eitelkeit übermannt.

»Du könntest ohnehin mal etwas eitler sein, aber wenn man krank ist, muss man ganz besonders auf sein Aussehen achten, sonst sieht man am Ende aus wie du!« Sie packte energisch Quark, Sahne, Joghurt, Butter, Buttermilch und Räucherlachs in den Einkaufswagen.

»Mmhhh! Lachs! Den esse ich besonders gern. Was willst du denn kochen?«

Sie sah mich verwundert an. »Nix kochen! Das wird eine Wellnessbehandlung! Lass dich überraschen! Hast du Honig und Vollmilch daheim?«

Ich musste das leider verneinen, und sie stürmte zu den entsprechenden Regalen und warf danach auch noch eine Packung Eier in den Wagen. »Hm. Das ist aber blöd!«

»Was ist blöd?«

»Die haben hier kein Mandelöl, aber da müssen wir halt improvisieren.« Sie beförderte noch drei Packungen gemahlene Mandeln und eine Flasche Rapsöl in den Wagen und steuerte mit großen Schritten und zwei Einkaufswagen die Kassen an. Ich kam natürlich kaum hinterher. Die Nummer 5 wurde soeben geöffnet, und sie witschte elegant an den Kundinnen vorbei, die gerade aus den langen Schlangen vor den anderen Kassen herüberwechseln wollten, und legte unsere Sachen mit anmutigen Bewegungen kreuz und quer aufs Band. Ich versuchte, so gut es ging, die bösen Blicke zu ignorieren, als ich mich an den nachfolgenden Kundinnen vorbeidrücken musste, um zu meinen Einkäufen zu gelangen.

»Wo bleibst du? Ich dachte, du hast alles! Also für deine körperliche Fitness müssen wir auch dringend etwas tun!«

Daheim angekommen entledigte ich mich mit einem Seufzer der Erleichterung meiner Schuhe, humpelte auf meinen malträtierten Füßen in die Küche und räumte erst einmal alle Einkäufe in den Kühl- bzw. den Vorratsschrank. Heike tat wohl dasselbe bei sich zu Hause, war aber irgendwie schneller fertig als ich, obwohl sie bei der größeren Familie viel mehr eingekauft hatte. Denn sie klingelte Sturm, als ich noch grübelnd die gemahlenen Mandeln in der Hand hielt und gerade zu der Entscheidung gekommen war, sie einfach auf der Arbeitsfläche liegen zu lassen. Ich hastete zur Tür und sie strahlte mich an: »Oh! Gut! Ich habe mir schon Sorgen gemacht, dass du aus den Latschen gekippt bist, weil du so lange zum Öffnen gebraucht hast!« Sie lief an mir vorbei zur Küche und sah sich verwundert um. »Aber wo sind denn die Sachen?«

»Na, hier! Und was gekühlt werden muss, findest du im Kühlschrank.«

»Ich hol' das mal wieder raus. Ich muss mir einen Überblick verschaffen können. Wo finde ich eine Schüssel und ein Handrührgerät?«

Ich suchte das Gewünschte heraus, während sie wieder alle Zutaten aus dem Kühlschrank räumte.

»Am besten setzt du dich erst mal auf deinen Hometrainer und strampelst ein paar Kilometer, damit der Kreislauf in Schwung kommt. Das regt die Durchblutung an, und die Anwendungen können besser wirken.«

»Anwendungen?«

»Ja! Du wirst rundum verwöhnt! Lass dich überraschen! Ich bereite mal alles vor und sag dir dann Bescheid, wenn's losgehen kann.«

Ich setzte mich brav auf meinen Hometrainer, stellte den Kilometerzähler auf null und strampelte los wie wild, denn ich wollte Heike mal zeigen, dass ich nicht so fertig war, wie ich vielleicht aussah. Aber nach zwanzig Minuten wurde ich merklich langsamer und fragte mich, wie lange die Vorbereitung einer Gesichtsmaske, oder was auch immer sie mit mir anstellen wollte, dauerte. Nach dreißig Minuten verfluchte ich meinen anfänglichen Ehrgeiz. Nach vierzig Minuten legte ich zum ersten Mal eine kleine Verschnaufpause ein. Nach fünfzig Minuten konnte ich nicht mehr und stieg wankend ab.

Nachdem sich nicht mehr alles um mich drehte, humpelte ich mit schmerzenden Waden in die Küche, wo Heike gerade die Mandeln in eine undefinierbare Pampe einrieseln ließ und natürlich heftig zusammenfuhr, als sie mich so plötzlich in der Tür stehen sah. Wegen des Lärms des Handrührgeräts hatte sie mich nicht kommen hören. »Es hat ein bisschen länger gedauert, weil ich schnell noch bei mir drüben war. Mir fiel plötzlich ein, dass ich die Einkäufe noch nicht in den Kühlschrank geräumt hatte. Und dann rief Uschi an.« Sie sah mich prüfend an und meinte mitleidig lächelnd: »Hier neben dem Fenster siehst du noch blasser aus. Das war mir bei dem Kunstlicht im Supermarkt gar nicht aufgefallen!«

»Ich fühle mich auch nicht sonderlich gut. Vielleicht hätte ich etwas langsamer treten sollen. Ich setze mich mal ein bisschen.«

»Warte! Das brauchst du nicht! Such lieber mal ein paar Handtücher heraus, denn jetzt wird gebadet!«

»Gebadet?«

»Ja! Wir werden dich von Kopf bis Fuß verwöhnen!«

Ich holte ein paar ältere Handtücher hervor, weil ich der Pampe bezüglich Fleckenbildung nicht so recht über den Weg traute, und zog mir meinen Badeanzug an. Da kam Heike auch schon mit einem Tablett, auf dem drei Schüsseln standen, die Treppe herauf. Sie strahlte über das ganze Gesicht. Und das ist noch etwas, was ich an Heike so mag: Ihre gute Laune und ihr Optimismus sind so ansteckend, dass man alle Sorgen vergisst. Ich fühlte mich gleich viel besser. Sie lächelte über meinen Badeanzug, sagte aber diesmal nichts zu meiner Verklemmtheit, stellte das Tablett auf dem Badhocker ab und ließ mir ein Bad ein, in dem sie mit energischen Handbewegungen eine gelblich-bräunliche Mischung verteilte. »Rapsöl mit Vollmilch, Buttermilch und Mandeln! Davon wird deine Haut streichelzart!«

Auf dem durch die gemahlenen Mandeln reichlich trüben Badewasser bildeten sich gelbe Fettaugen, aber ich stieg trotz eines leichten Ekelgefühls hinein und genoss die angenehme Wärme, die meine schmerzenden Muskeln durchzog.

»Und jetzt die Haare! Sahne mit Honig und zwei Eiern! Damit da wieder etwas Glanz hineinkommt!« Heike verteilte das Zeug großzügig auf meinen langen Haaren und wickelte mir danach ein Handtuch um den Kopf. Es roch durch die rohen Eier für meine Begriffe etwas unangenehm, aber ich ließ mir nichts anmerken und zuckte nur etwas zusammen, als es mir in den Nacken floss und auf die Schultern tropfte.

»Fürs Gesicht haben wir eine Maske aus Quark, Butter und püriertem Lachs! Der enthält Omega-Säuren, die gut für die Haut sind!« Sie verteilte die Pampe mit einem Löffel in meinem Gesicht und ließ fachmännisch die Augen aus. »Leider hast du keine Salatgurke im Haus. Deshalb haben wir keine Gurkenscheiben für die Augen.«

»Ach, das macht nichts. Ich sehe ganz gerne, was um mich herum so passiert.«

»Warum? Hast du Angst, dass ich deinen Damenrasierer mitgehen lasse?«, kicherte sie. Wir unterhielten uns so über dies und das, während meine Wellnessbehandlung einwirkte, und ich erfuhr sehr viel Wissenswertes über Wellnessrezepte. Leider konnte ich das Wort *Wellness* bald nicht mehr hören und fühlte mich eher etwas unwell.

»Man kann auf diese Weise ein Menge Geld sparen!«, dozierte Heike. »Eine professionelle Wellnessbehandlung kostet ein Schweinegeld, und du weißt nie, was das Zeug alles so enthält, das sie dir auf die Haut packen. Denn bei den hohen Personalkosten sparen sie dann bestimmt bei den Produkten.

Ich habe nur natürliche Zutaten verwendet und keine Emulgatoren oder andere Chemie!«

Dass Eier strenggenommen ebenfalls Emulgatoren enthielten, verschwieg ich lieber, da ich zu müde für eine längere Diskussion war. »Ich bin dir so dankbar! Das ist so lieb von dir, dass du dir so viel Zeit für mich nimmst!« Mir kamen vor Rührung fast die Tränen.

»Ach! Papperlapapp!« Heike strahlte wie ein frischgescheuerter Dreckeimer. »Ich wollte das schon lange mal ausprobieren und habe es gerne für dich getan! Aber jetzt muss ich los! Britney kommt bald aus der Schule! Mach's gut, und mach dir keine Umstände. Ich finde alleine raus.«

Ich hätte sie in meinem aktuellen Zustand auch schwerlich zur Tür begleiten können. »Vielen Dank nochmals!«

»Gar nich' für!«, rief sie im Treppenhaus.

Vorsichtig richtete ich mich in der Badewanne auf, um nicht auszurutschen. Aber da das Öl an der Oberfläche schwamm, war der Wannenboden gar nicht so glitschig, wie ich befürchtet hatte, und ich konnte mich gefahrlos hinstellen. Allerdings bildete es auf meiner Haut einen gelben Fettfilm. Leider lagen die alten Handtücher außer Reichweite, und ich musste mir zur Not eines von den kürzlich erst angeschafften vom Handtuchhalter greifen. Beim Abtrocknen fielen mir dann auch wieder die gemahlenen Mandeln ein, und ich wunderte mich nicht über die komischen Klümpchen auf dem vorher blütenweißen Frotteestoff. Die Gesichtsmaske entfernte ich lieber gleich mit Kosmetiktüchern. Die Gesichtshaut fühlte sich herrlich weich an, und die Rötung würde hoffentlich lediglich auf die vermehrte Durchblutung zurückzuführen sein und rasch verschwinden. Mit der Haarkur war es da ein etwas schwierigeres Unterfangen, denn das Handtuch – zum Glück eines der alten – klebte irgendwie fest. Ich überlegte kurz und stellte mich einfach unter die Dusche. Nach dem dritten Schamponieren klebten die Haare nicht mehr, und auch der Körper war nicht mehr so glitschig. Zum Glück bekam das Heike nicht mit. Sie hätte es mir sicherlich auszureden versucht. Für die Wirkung der wertvollen Inhaltsstoffe waren Shampoo und Duschgel bestimmt nicht gut. Aber ich hatte mir bereits ein Handtuch mit gelben Ölflecken ruiniert, das ich bei dem Gedanken schleunigst mit den anderen zusammen und etwas Fleckensalz in die Waschmaschine steckte. Vielleicht war es noch zu retten. Den Badeanzug wusch ich schnell von Hand aus. Zum Glück war er wie die meisten meiner Kleidungsstücke schwarz, und eventuelle Flecken würden hinterher sicherlich nicht mehr auffallen. Danach schrubbte ich noch gründlich die Badewanne und räumte die Küche auf, die aussah, als habe ein temperamentvoller Mensch dort – äh – drei Wellnessbehandlungen angerührt. Danach setzte ich mich erst einmal hin, legte die Füße hoch und aß in Ruhe den Joghurt auf, den ich zwischen dem ganzen Schmutzgeschirr gefunden hatte. Vielleicht war sein Fehlen der Grund, warum die Haut um meinen Mund herum ein wenig juckte. Oder ich bekam einfach nur wieder ein Ekelpickelchen. Etwas später blickte ich beim Händewaschen in den Spiegel und entdeckte die kleinen Bläschen auf meinem Gesicht. Möglicherweise hätten wir besser Bio-Räucherlachs kaufen sollen?

In der folgenden Nacht schlief ich tief und fest, ohne auch nur einmal aufzuwachen. ›Ich sollte das öfter mal machen!‹, schoss es mir durch den Kopf, als ich fröhlich und erholt am Morgen erwachte. ›Nach körperlicher Anstrengung schläft man einfach wunderbar. Es ist eigentlich eine Schande, dass ich den Hometrainer so selten verwende!‹

Feuerzangenbowle

Gestern lag ich bei strahlendem Frühlingssonnenschein im Liegestuhl auf unserer Terrasse und las im Schatten ein Buch, das ich beim Abstauben der Regale wiederentdeckt hatte. Sehr weit war ich allerdings noch nicht gekommen – weder beim Abstauben der Regale wegen des Buchs noch beim Lesen desselben wegen Heike. Bei Seite 20 fiel ich nämlich beinahe vom Stuhl, als plötzlich neben mir Heikes Stimme erklang: »Hallo! Was liest du denn da?«

»Hallo! Die Feuerzangenbowle von Heinrich Spoerl.«

»Ist das das Buch zum Film? Aber der ist doch mit Heinz Rühmann?«

»Ja, ist er. Aber Heinrich Spoerl hat das Buch geschrieben.«

»Ich mag ja die Bücher zum Film nicht so besonders, aber ich komme auch so kaum zum Lesen. Aber der Film ist klasse!«

»Naja, eigentlich war das Buch zuerst da. Und der Film ...«

»Es ist irgendwie merkwürdig, dass man sich diese alten Filme immer wieder ansieht, obwohl man sie schon kennt. Mit Sissi ist das auch so. Eine schreckliche Schnulze, aber man sieht sie immer wieder gerne. Vielleicht ist das so eine Kindheitserinnerung. Ich habe die Rühmann-Filme immer mit meiner Oma geguckt.«

»Ich kann mich auch gut an den Film erinnern.«

»Und Sissi mit den tollen Kleidern! Man glaubt gar nicht, dass die damals wirklich solche Kleider trugen.«

»Da haben sie sich wohl ein paar künstlerische Freiheiten für den Film gegönnt.«

»Meinst du? Aber im Rokoko hat man doch diese weiten Röcke getragen. Vielleicht hieß es deshalb auch Rokoko: Rock & Co – ein Rock und jede Menge zusätzlicher Rock.« Heike lachte laut über ihren eigenen Scherz, und ich überlegte, ob ich ihr den Unterschied zwischen dem ersten und dem zweiten Rokoko erklären sollte, unterließ es dann jedoch, da sie bereits weiterredete: »Ich habe mich immer gefragt, wie die in den Kleidern ihren Haushalt gemacht haben, aber das wird in den Filmen leider nie gezeigt.«

»Die Frauen, die die Hausarbeit erledigten, trugen wahrscheinlich einfachere Röcke, mit denen man aber sicherlich auch noch leicht stolpern oder das Kaminfeuer im Haus verteilen konnte. Ich fragte mich als Kind immer, wie die feinen Damen damals auf die Toilette gingen. Seit ich es weiß, bin ich froh, dass es in den Filmen ebenfalls nicht gezeigt wird.«

»Uh! Hör auf! Meine Schwester wollte unbedingt im Prachtgewand mit Reifrock heiraten, und ich musste ihr jedes Mal das Kleid halten, wenn sie aufs Klo musste. Ihr war das natürlich noch peinlicher als mir, und daher konnte sie dann immer nicht, weil ich zuguckte. Also drehte ich den Kopf weg und summte *Waterloo* von ABBA, denn mir taten langsam die Arme weh. Davon träume ich heute noch, wenn ich was Schweres gegessen habe. Warum gibt es eigentlich keine Fortsetzungen zu den Sissi-Filmen?«

»Romy Schneider hatte wohl die Nase voll.«

»Kann ich verstehen. Die musste bestimmt ganz schön hungern, um in die Kleider zu passen. Was wurde aus der echten Sissi?«

»Die wurde ermordet.«

»Ich kenne viele Männer, die haben einen regelrechten Hass auf Sissi und alles, was mit ihr zu tun hat, aber das geht nun wirklich zu weit! Warum nur?«

Ich betrachtete die Frage als partiell rhetorisch und antwortete, damit sie sofort weiterreden konnte, nur lapidar: »Naja, die politische Situation war damals recht kompliziert und reichlich angespannt.«

»Wenn ich an ihre Taille denke, würde ich sie auch am liebsten ermorden. Aber jetzt denke ich schon wieder an die Film-Sissi. War die echte auch so schrecklich dünn?«

»Die hat so viel geturnt, dass ihr kaum Zeit zum Essen blieb.«

»Ich dachte immer, dass diese Kaiser und Könige unheimlich viel gegessen haben, weil es so wahnsinnig viele Hoflieferanten gab. Aber vielleicht war das bei den Kaiserinnen anders. Wie kamen wir eigentlich auf das Thema?«

»Ich erzählte dir, dass ich die Feuerzangenbowle von Heinrich Spoerl lese.«

»Und was hat das mit Sissi zu tun?«

»Du hast erzählt, dass du so gerne die Rühmann-Filme mit deiner Oma geguckt hast.«

»Ja, das stimmt. Aber sie konnte die Sissi-Filme nicht leiden.« Sie sah mich ratlos an, und ich erwiderte ihren Blick, denn mir war häufig unbegreiflich, wohin die Gespräche mit Heike führten.

»Und ist das Buch gut?«, fragte sie mich nach kurzer Denkpause.

»Ja, mir gefällt es.«

»Wie wird so eine Feuerzangenbowle wohl gemacht?«

»Man legt da anscheinend einen mit Rum getränkten Zuckerhut auf eine Feuerzange und zündet ihn an. Dabei tropft der Schmodder in ein Gefäß, das bereits mit allem, was irgendwie die Kante gibt, gefüllt ist. Oder so ähnlich.«

»Mensch, das sollten wir aber mal ausprobieren! Das macht bestimmt Eindruck auf der nächsten Silvesterparty!«

»Wir haben März.«

»Das macht nichts. Man sollte alles rechtzeitig probekochen, damit nichts schiefläuft, wenn die Gäste kommen. Woher bekommen wir das genaue Rezept? Steht das in deinem Buch?«

»Aus dem Internet«, antwortete ich und fügte mich meinem Schicksal.

Drüben bei Heike startete ich unter Cindys Aufsicht den Computer, während ihr Frauchen im Keller verschwand und die Alkoholvorräte sichtete. Erstaunlicherweise wurde ich schnell fündig, druckte zwei Rezepte aus und nahm sie mit in die Küche, wo Cindy es sich neben dem Tisch bequem machte. Es schien noch immer eine Menge Leute zu geben, die sich für so ein zweifelhaftes Gebräu begeistern konnten. Heike kam strahlend mit vier Flaschen zurück. »Ich habe noch einen Obstler gefunden. Den können wir zum Anzünden nehmen. Was brauchen wir sonst noch?«

»Zwei Liter Wein, einen Zuckerhut, Gewürznelken und – je nach Rezept – Orangen, Zitrone oder Orangensaft.«

»Ach, das ist ja blöd! Ich habe nur eine Muskatnuss. Und Würfelzucker. Den könnten wir aber mit Zuckerguss zusammenkleben.«

»Meinst du, das hält?«

»Bestimmt! Wir packen das in ein Sektglas, damit es die richtige Form bekommt.«

»Wir könnten auch losfahren und die Zutaten besorgen.«

»Hier vor Ort bekommen wir sicher keinen Zuckerhut. Und in die Stadt will ich jetzt nicht auch noch. Da kommen wir auf dem Rückweg in die Rushhour!«

Da hatte Heike natürlich recht! Ich verrührte unter Cindys Aufsicht Puderzucker mit etwas Wasser zu einem recht festen

Zuckerguss und schichtete ihn abwechselnd mit dem Würfelzucker in ein Sektglas, während Heike ihre Vorräte durchwühlte. Es war eine merkwürdige Pampe, und ich fragte mich, wie wir sie je wieder aus dem Glas bekommen sollten. Heike blickte mir über die Schulter. »Na, das wird ja langsam! Ich habe eine Flasche Orangenlikör und zwei Mandarinen. Zitronensaft habe ich keinen da, aber wir können die zwei Vitamin-C-Brausetabletten nehmen, die ich in der Apotheke geschenkt bekam.«

Eines musste man Heike lassen: Sie war immer sehr kreativ und hatte tolle Ideen! Ich schälte die Mandarinen und war sehr auf das Ergebnis gespannt. Heike wühlte in ihrer Küchenschublade. »Wie sieht so eine Feuerzange eigentlich aus? Wie eine Grillzange? Oder sollten wir lieber zwei Kombizangen nehmen?«

»Ich weiß nicht so recht. Die Zuckerpampe ist ganz schön bröselig. Ich glaube, wir packen sie lieber auf ein Reibeisen oder ein Sieb über die Bowlenschüssel.«

»Bowlenschüssel!« Heike sah mich ganz entgeistert an. »So etwas habe ich natürlich nicht! Geht auch ein Eimer?«

»Ich weiß nicht. Das Behältnis sollte besser feuerfest sein.«

»Bowlenschüssel, Bowlenschüssel, feuerfeste Bowlenschüssel ...«, murmelte Heike vor sich hin. »Ich hab's! Da ist noch Tante Marthas Goldfischglas auf dem Speicher!«

Bevor ich irgendwelche Einwände formulieren konnte, war sie auch schon wieder zurück und bearbeitet voller Energie und mit viel Spülmittel das Sinnbild vergangener Tierquälerei. Plötzlich hielt sie inne und sagte: »Er hieß Hansi.«

Ich blickte wahrscheinlich so dumm drein wie ein Goldfisch. »Wer hieß Hansi?«

»Ihr Fisch. Sie nannte ihn Hansi und hängte ihm Knabberstängchen ins Glas. Wir hätten es da bereits ahnen können, aber man will es ja immer nicht wahrhaben, wenn die Verwandten gaga werden.« Sie schrubbte weiter, und ich sah mir die Flaschen etwas genauer an, die für die Bowle gedacht waren. Es gab je eine Flasche Obstler, Orangenlikör, Kräuterlikör und Sekt. »Eigentlich brauchen wir zwei Liter Wein. Und den Kräuterlikör wirst du doch wohl nicht wirklich reinkippen wollen, oder?«

»Beim Wein weiß ich immer nicht, welche Flasche ich nehmen kann. Manfred hat da ein System, das ich nicht durcheinanderbringen darf. Ich dachte, der Kräuterlikör bringt ein bisschen Aroma, weil ich keine Gewürznelken habe.«

»Also, ich weiß nicht ...«

»Hast recht. Nehmen wir eben nur den Sekt und den Orangenlikör. Die Mandarinenschnitze lassen wir darin schwimmen. Das sieht bestimmt toll aus!«

Sie trocknete das Goldfischglas ab und stellte es auf den Küchentisch. Ich gab unter Cindys Aufsicht die Mandarinenschnitze hinein, und Heike goss den Inhalt der zwei Flaschen hinterher. Ich legte ein Reibeisen über das Gefäß und musste es gut festhalten, da es auf beiden Seiten nur knapp überstand. Heike kippte mit Schwung die Zuckerpampe darüber, die sich wunderbar aus dem Sektglas löste – aber leider recht instabil war. Denn als sie einen großen Schuss Obstler darübergoss, ging die Hälfte der aufgeweichten Zuckerwürfel stiften und landete mit sanftem »Plopp – Plopp« in der ohnehin bereits zweifelhaften Mischung, die mir auf das T-Shirt spritzte. Aber Heike ließ sich nicht beirren und holte ein Feuerzeug. Mir brach beim Anblick der Pampe, die sich so erstaunlich nahe an meinen Händen befand, der Angstschweiß aus, aber Heike behielt wie immer die Nerven und hielt die Flamme an den Zuckerberg. Sie war eben nicht so ein Angsthase wie ich! Doch nichts geschah. »So ein Mist! Warum will das nicht brennen?«

»Vielleicht geht es mit einem Streichholz besser?«

Heike holte eine Packung Streichhölzer und goss noch einmal großzügig Obstler über den restlichen Zuckerbrei. Aber auch mit den Streichhölzern wollte der Matsch nicht brennen.

»Habe ich zu viel Wasser in den Zuckerguss gerührt?«, fragte ich.

»Es kommt sicher nur auf das richtige Mischungsverhältnis an«, antwortete Heike und kippte den Rest aus der Flasche über den armseligen Rest Zucker. Sie besaß eben ein größeres Durchhaltevermögen als ich. Aber es half alles nichts. Mir taten langsam die Hände weh, da ich die Reibe sehr verkrampft hielt, und ich war heilfroh, als Heike mit einer wegwerfenden Handbewegung knurrte: »Okay. Lassen wir es für heute gut sein. Kipp den Rest in die Brühe. Jetzt wollen wir das Zeug mal kosten.« Sie füllte zwei Kaffeetassen und reichte mir eine.

»Ist das nicht ein bisschen viel?«, wagte ich zu fragen.

»Ach, was! Das ist nur Bowle! Man muss den Geschmack auch richtig auskosten. Das funktioniert nicht, wenn man nur nippt.«

Wir tranken beide einen kräftigen Schluck, aber ich war wenig begeistert. Es schmeckte hauptsächlich süß – und nach Alkohol.

»Ich habe die Tabletten vergessen!« Heike schlug sich mit der flachen Hand an die Stirn und begann eifrig, die beiden Brausetabletten in die Plörre einzurühren. Dabei blickte sie sich suchend in der Küche um. Sie fügte noch ein bisschen Muskat und etwas Zimt hinzu.

»Trink aus, damit wir probieren können!«

Sie füllte die Tassen erneut, aber es schmeckt einfach nur merkwürdig.

»Irgendetwas fehlt da!« Heike schnitt zwei Kiwis in feine Würfel und rührte die Bowle gründlich um. »Jetzt lassen wir sie ein bisschen ziehen und probieren nochmal. Trink aus!«

Sie öffnete eine Dose Ananas in Stücken, kippte den Inhalt zu unserem Gebräu, rührte energisch um und füllte unsere Tassen. Es schmeckte zumindest etwas fruchtiger. Aber so richtig zufrieden waren wie beide noch nicht.

Wir hörten, wie die Eingangstür aufgeschlossen wurde, und Cindy lief schwanzwedelnd in den Flur. Manfred kam nach Hause und schaute nur mäßig überrascht aus der Wäsche. Er war das Chaos gewöhnt, das Heikes Kreativität immer mit sich brachte. »Hallo, Schatz!« Er gab Heike einen Kuss. »Was macht ihr?«

»Hallo, Liebling. Wonach sieht's denn aus?«

Manfred blickte etwas verunsichert drein und tat mir leid. Da ich Heikes hinterhältige Testfragen und Verhörmethoden selbst bis zum Abwinken kannte, wollte ich ihm helfen. »Wia mache Furzenbolle!«, erklärte ich ihm und wunderte mich über das komische Gebaren meiner Zunge.

Er sah mich mitleidig an und antwortete: »Jetzt, wo du's sagst, seh' ich's auch.«

Die Vernissage

Manchmal kann ich einfach nicht Nein sagen. Die richtig guten Ausreden fallen mir immer erst ein, wenn ich bereits zugesagt habe. So ging es mir auch, als Agnes mich zu ihrer Vernissage im Gemeindesaal einlud. Eigentlich schaute ich mir gerne mal ein paar Gemälde an, aber mir war wichtig, dass man sofort erkennen konnte, wo bei einem Bild oben und unten war. Bei ihren Werken war das so eine Sache. Man konnte sie nicht wirklich abstrakt nennen, aber ich hätte sie auch nicht als gegenständlich bezeichnet. Es war mehr so ein Versuch dazwischen mit leicht naiven Elementen und viel Interpretationsspielraum. Dafür waren sie aber schön bunt. Wer's mag. Ich eher nicht, aber mein Geschmack zählt ja nicht, wenn ich mich so im Kaufhaus umschaue.

Der gutmütige Göttergatte und ich gingen also zu dieser Vernissage, obwohl ich seine Frage, was wir denn da sollten, nicht zufriedenstellend beantworten konnte. Es war dort sehr bunt. Ein bisschen sehr bunt. Ich fiel richtig auf mit meinem schwarzen Kleid. Außerdem befiel mich bei den Bildern eine gewisse Ratlosigkeit angesichts dieses Reigens aus Bauernkindern, Clowns, Eseln, Kühen, Katzen, Hunden, Pfauen und Flamencotänzerinnen. Wobei es sich bei Letzteren auch um Auerhähne und Bauchtänzerinnen handeln konnte. Ich traute mich nicht, den gutmütigen Göttergatten zu fragen, da die Antwort wahrscheinlich mehr genereller Natur gewesen wäre – zum Beispiel »Du wolltest doch unbedingt hierher.« oder »Warum hast du nicht Nein gesagt?«. Leider waren die kleinen Schildchen an den Bildern auch nicht wirklich hilfreich. Was wie ein Papagei auf der Stange oder ein Trapezkünstler in buntem Kostüm aussah, trug den Namen *Samstagsausflug*, und das Bild *Anna-Lena* zeigte Schaf, Ziege oder Hund mit dunkelbraunem Fell. Als der gutmütige Göttergatte mich bei einem anderen Werk fragte, ob es sich um eine Bauersfrau in Tracht oder eine Wasserpumpe mit Blumenkübel handelte, und das Schild uns lediglich darüber informierte, dass das Bild irgendetwas aus *Oberbayern* zeigte, zog ich ihn schnell weg und beschleunigte unseren Rundgang etwas. Als ich dann auch noch Agnes in unsere Richtung schreiten sah – sie bewegte sich bei solchen Anlässen immer wie ein stolz in den Hafen einlaufendes Kreuzfahrtschiff – packte ich ihn am Arm und zerrte ihn hinter eine Trennwand, die die Ecke des Saals in eine kleine Nische verwandelte. Laut einem großen Schild wurden dort *Frühwerke* ausgestellt, und die Farbgebung entsprach eher meiner Vorstellung von Gut und Böse. Wahrscheinlich hatte Agnes in ihrer Jugend eine depressive Phase durchlebt, oder ihre Farbwahrnehmung hatte damals noch besser funktioniert. Denn nur eine Augenkrankheit, die die Farben aus ihrer Sicht blasser erscheinen ließ, konnte es ihr ermöglichen, es in ihrem Atelier länger als fünf Minuten auszuhalten, ohne Zustände zu bekommen. Das war zumindest die Theorie, die ich dem gutmütigen Göttergatten zugeflüstert hatte. Dieser begab sich auf die Suche nach einer Toilette, und ich blieb in Deckung und betrachtete verzückt die Kohlezeichnungen und dezenten Aquarelle. Erkennen konnte ich darauf aber leider auch nichts. Die ineinander verschlungenen Linien mit den Kreisen fand ich aber recht entspannend, und ich gönnte meinen Augen diese Pause, bevor ich sie wieder den Knallfarben aussetzen musste.

Der gutmütige Göttergatte kehrte zurück – und wurde von Agnes begleitet, die mich fröhlich begrüßte: »Na, das hätte ich mir denken können, dass ich dich bei den Kohlezeichnungen finde!«

Ich schämte mich ein bisschen, weil sie mich durchschaute, und beeilte mich, die Zeichnungen zu loben. Dabei vermied ich natürlich jegliche Bezeichnung und verstieg mich in allgemeines Geschwurbel. Ich lobte gerade die »ausdrucksstarken Schwünge unter den beruhigenden Bögen, über denen die Kreise entspannt schweben«, als sie mich sanft unterbrach: »Das sind Brüste. Und bevor du die Dreiecke lobst: Das ist ein weiblicher Doppelakt. Deshalb habe ich die Bilder in dieser Ecke versteckt. Es sind schließlich auch Familien mit Kindern hier.«

Pseudo-Pseudonymsuche

»Irgendwie müssen wir deine Buchverkäufe doch ankurbeln können!«, rief Heike voller Tatendrang, nachdem ich bei einer Tasse Tee ihre Frage nach meiner letzten Margenabrechnung wahrheitsgemäß beantwortet hatte. Während ich insgeheim noch meine Ehrlichkeit verfluchte und ein paar selbstzerstörerischen Gedanken nachhing, redete sie aber bereits weiter: »... und deshalb brauchst du unbedingt ein Pseudonym!«

Ich war plötzlich hellwach und verwünschte meine Angewohnheit, bei Heikes Plaudereien nicht immer so genau hinzuhören. Hatte sie etwa noch andere Ideen erläutert? Hatte ich etwa aus Gewohnheit genickt? Mist! »Ein Pseudonym?«, versuchte ich verzweifelt, die Sache noch einmal abzubiegen. »Bist du dir sicher? Was soll das groß ändern? Die Leute lesen nun mal lieber ernste Romane. Humor ist in Deutschland nicht gefragt.«

»Loriot hat auch unter Pseudonym geschrieben. Wie hieß das gleich? Irgendwas mit einem Von in der Mitte. Die Leute stehen drauf! Wie wär's mit Monika von Kubach?«

»Loriot war sein Pseudonym. Er selbst hieß zufällig Vicco von Bülow. Ich werde mich ganz bestimmt nicht mit einem Adelsdingens schmücken. In Deutschland wurde der Adel abgeschafft. Er hat das nur noch nicht gemerkt.«

Heike schaute mich misstrauisch an. »Loriot war sein Pseudonym?«

»Ja. Es hat irgendetwas mit dem Wappentier der Familie zu tun. Das können wir recherchieren, wenn du mir nicht glaubst.«

»Ich glaube dir ja. Hm ... Wappentier! Habt ihr auch ein Wappentier mit einem lustigen Namen?«

»Nein.«

»Sicher?«

»Ja, denn wir haben auch kein Wappen.«

»Das kann man sich entwerfen lassen. Meine Freundin Britta hat das gemacht. Das kostet zwar ein bisschen was, aber dafür sieht es sehr eindrucksvoll aus. Erst wird der Name analysiert, aber man kann auch Wünsche äußern und zum Beispiel ein Lieblingstier oder die Lieblingsblume einbauen lassen. Man hat auch ein Mitspracherecht bei den Farben ...«

»Was soll ich mit einem Familienwappen?«

Heike sah mich ratlos an. Ich nutzte die Chance und blickte streng zurück. »Ich brauche kein Wappen. Und ich brauche auch kein Pseudonym!«

Leider bemerkte ich meinen Fehler eine Sekunde zu spät, als ich Heikes Augen aufleuchten sah. »Richtig! Wir wollten uns ein Pseudonym für dich ausdenken!«

Verdammt! Ich hatte sie an ihr Thema erinnert, anstatt sie abzulenken. »Du wolltest dir ein Pseudonym für mich ausdenken. Ich komme mit meinem Namen bestens zurecht!«

»Findest du ihn hübsch?« In Heikes Augen blitzte eine gewisse Hinterlist auf, aber diesmal ging ich ihr nicht in die Falle. »Nein, aber praktisch! Ich kann ihn mir prima merken! Das macht das jahrelange Training!«

»Was für ein Tier ist denn ein Loriot?«, versuchte sie einen neuen Anlauf.

»Das ist das französische Wort für irgendeinen Vogel.«

»Und was heißt Kuh auf Französisch?«

»Vache. Nein, Heike, ich werde mich ganz bestimmt nicht Monique Vache-Ruisseau nennen! Es kann sich kein Mensch merken, wie man das schreibt. Allen voran ich selbst!«

»Aber es klingt toll!«

»Ich habe Nein gesagt!«

»Monique de la Vache?«

»Soll das meine Abstammung erläutern? Damit würden nur gewisse Leute ihre Vermutungen bestätigt sehen. Hier in Baden lernen ja schon die Grundschüler Französisch.«

»Das stimmt. Die lernen alle möglichen Liedchen. Vielleicht ist da auch eins von der Kuh dabei.«

»Das können sie dann singen, wenn sie mich auf der Straße sehen.«

»Aber ein französisches Pseudonym wäre doch chic, oder? Was klingt denn französisch? Hm ... Wie wär's mit Chantal Chérie?«

»Ich bin Satirikerin und keine Prostituierte, auch wenn man es manchmal glauben könnte, wenn man sieht, was manche Indie-Autoren alles tun, um ihre Bücher an den Leser zu bringen. Warum nicht gleich Jacqueline Jacquard, wenn es unbedingt eine Alliteration sein muss?«

»Du guckst so komisch. Das hat bestimmt einen Haken!« Heike kannte mich einfach zu lange und fiel nicht mehr auf alles herein.

»Nein, das Muster wird gewoben oder gestrickt und nicht gehäkelt. Und ich nenne mich auf keinen Fall Jacqueline!«

»Es war schließlich dein Vorschlag! Wir könnten auch etwas Italienisches nehmen.«

»Ja, denn seit der Finanzkrise und den Skandalen um Berlusconi sind alle so wahnsinnig gut auf Italien zu sprechen! Ich nenne mich einfach Tusnelda Tussi und schreibe einen Enthüllungsroman über notgeile Ex-Regierungschefs. Das wird ein Bestseller!«

»Ich glaube, du nimmst das nicht wirklich ernst. Die Leser mögen hübsche Pseudonyme. Du kannst dir auch was Deutsches aussuchen.«

»Leser von Liebesschnulzen wollen das vielleicht. Aber im Humor-Genre ist der einzige Sinn eines Pseudonyms, seinen wahren Namen zu verbergen. Die Texte sollen lustig sein – und nicht das Pseudonym. Und dann womöglich noch unfreiwillig lustig!«

»Wie wäre es mit einem englischen Namen? Die Engländer sind bekanntlich berühmt für ihren Humor!«

»Samantha Catweazle?«

»Na, bitte! Das klingt humorvoll!«

»Das beste Pseudonym ist doch eines, das echt wirkt. Ein ganz normaler Name und nicht so ein verschwurbelter Firlefanz, der lediglich schwarz auf weiß den Narzissmus der Autorin bescheinigt.«

»Du bringst mich auf eine Idee: Nathalie Narzisse? Vivien Viola?«

»Ingeborg Schulze? Magdalena Fünfer? Brigitta Schmalkost?«

Aber Heike ging gar nicht erst auf diese allzu offensichtliche Provokation ein und sah verträumt aus dem Fenster.

»Oder vielleicht was Russisches? Es gibt großartige Autoren aus Russland!«

»Tatjana Supernova?« Ich betonte absichtlich die zweite Silbe.

»Das klingt toll!«

»Das war ein Scherz. Ich kann mich auch gleich Ilse Hinzkunz nennen. Das würde wenigstens zu meinem Image passen.«

»Das wäre zu offensichtlich!«

»Gut, dann eben Greti Plethi.«

»Das klingt toll! Das nehmen wir!«

Nr. 36581 oder beim Bagger links

Was ich an einem Urlaub in Norwegen so schätze, ist die wunderbare Ruhe. Friedlich liegen die Ferienhäuschen am Fjord, und nur die Vögel und das Plätschern der Wellen sind zu hören. Leider hatte sich das noch nicht bis zum Vermieter unseres letzten Hauses herumgesprochen. Er war anscheinend der Ansicht, dass ein Urlaub am Fjord einzig und allein zum Fischfang unter Zuhilfenahme eines lauten Motorbootes da sei, und es daher kein Problem sei, wenn er mal eben nebenan ein paar Felsen umsortieren lässt, um Platz für ein weiteres Ferienhaus zu schaffen.

Wrrummkrch! Am Montag nach unserer Ankunft fielen wir fast aus unseren Betten, als das Getöse losging. Es traf uns nicht ganz unvorbereitet, da man uns bei der Ankunft darüber informiert hatte, dass Baggerarbeiten stattfinden würden. Aber sie seien fast fertig, und sie könnten gestoppt werden, wenn sie zu sehr störten. Worauf wir nicht vorbereitet waren, war der Wumms, wenn ein größerer Felsbrocken an seinem Bestimmungsort platziert wurde, und die heftigen Erschütterungen, die ihn dabei begleiteten. Wir trösteten uns mit dem Gedanken, dass bald alles vorbei sei, und unternahmen Ausflüge in die Umgebung, um dort diese wunderbare Ruhe zu genießen, die wir an Norwegen so lieben.

Am Mittwoch fielen wir allerdings bereits um halb acht aus dem Bett, und der Radau herrschte nicht nur von 8.00 bis 15.00 Uhr wie an den vorangegangenen Tagen, sondern dauerte – mit kleinen Unterbrechungen – bis 22.00 Uhr. Am Donnerstag, als ich damit beschäftigt war, meine Augen mittels Streichhölzern am Zufallen zu hindern, griff der gutmütige Göttergatte zum Telefon und beschwerte sich beim Vermieter, der uns versprach, dass die Arbeiten, die auch bereits fast beendet seien, ab sofort nur noch bis 14.00 oder 15.00 Uhr dauern würden.

»Hat er auch was darüber gesagt, später anzufangen, damit wir länger schlafen können?«, murmelte ich zwischen zwei Gähnern.

»Dazu hat er nichts gesagt«, flüsterte der gutmütige Göttergatte und versuchte die nervösen Zuckungen seines linken Augenlids in den Griff zu bekommen.

Am nächsten Morgen wurde uns klar, dass es sich bei unserem Vermieter um einen Frühaufsteher handelte, denn das Wrrummkrch begann bereits um 7.00 Uhr. Zumindest war es 7.00 Uhr, als ich mich von meinem Schock, den das erste Wumms plus Erschütterung ausgelöst hatte, so weit erholt hatte, dass ich auf die Uhr sehen konnte.

Der gutmütige Göttergatte saß aufrecht im Bett und bemerkte: »Er wollte sich eigentlich darum kümmern, dass wir nicht mehr gestört werden.«

»Vielleicht empfindet er Lärm am Morgen nicht als störend. Nicht jeder schläft gerne wie ich bis 9.00 Uhr.«

»Vielleicht gibt er sich jeden Abend die Kante und wacht nicht mal dann auf, wenn man ihm den Felsbrocken auf den Bettvorleger kippt«, antwortete er zähneknirschend.

Wir beschwerten uns und bekamen das Versprechen, dass die Arbeiten nun wirklich fast beendet seien. Am späten Vormittag trugen all meine Verwünschungen endlich Früchte, denn die friedliche Idylle (Vögel und Wellen zählen ja – wie bereits erwähnt – nicht.) und das Eintreffen des Bagger-Reparatur-Notdienstes sprachen eine eindeutige Sprache. Und der gutmütige Göttergatte fragte sich wahrscheinlich zum wiederholten Mal, ob er womöglich mit einer Hexe verheiratet sei, ließ sich jedoch wie immer nichts anmerken. Aber wir hatten uns natürlich zu früh gefreut. Gegen Mittag ertönte wieder das bekannte Wrrummkrch, und lediglich das gelegentliche Wumms sorgte für Abwechslung. Außerdem wurde die vergeudete Zeit nachgearbeitet, und wir freuten uns wirklich sehr auf das Wochenende. Vielleicht sogar noch mehr als der Baggerfahrer selbst.

Ich fragte mich, warum mich das Wrrummkrch so störte. Als moderner Mensch sollte man den Lärm eigentlich gewöhnt sein. Die Möwen verunsicherte es ja anscheinend auch nicht. Sie flogen selbst beim schlimmsten Wumms über die Terrasse und veranlassten uns, unsere Blaubeermarmeladenbrötchen lieber drinnen zu genießen. Dort war es auch leiser. Nach längerem Nachdenken kam ich zu dem Schluss, dass es an der Unregelmäßigkeit des Geräuschs liegen musste. Sie störte irgendwie mein persönliches Rhythmusempfinden. Und zwar ganz gewaltig. Der behämmerte Vollpfosten, der ein paar Häuser weiter in Eigenleistung ein Holzhaus baute, ging mir nicht ganz so auf die Nerven, obwohl sein Plockplockplock bis Sonnenuntergang zu hören war. Aber es erfolgte eben streng im Takt. Außerdem fing er meistens erst gegen 9.00 Uhr an, was in mir ein gewisses Gefühl der Verbundenheit weckte. Und bis 15.00 Uhr wurde das Plockplockplock ja auch vom Wrrummkrch übertönt. Erwähnte ich, dass Norwegen ein sehr ruhiges Land ist? Wie kam ich bloß darauf? An der richtfestähnlichen Party, die uns am Freitag bis spät in die Nacht hinein um unseren Schlaf brachte, konnte es eher nicht liegen. Allerdings hämmerte der Bass genau im Takt.

Nach einer viel zu kurzen Nacht wurden wir am Samstag durch ein merkwürdiges Rumpeln geweckt. Natürlich zur gewohnten Zeit: 7.00 Uhr. Doch als wir kapierten, dass der Bagger zum Abtransport verladen worden war, kannte unsere Freude keine Grenzen. Wir fielen uns in die Arme und kochten zur Feier des Tages Blaubeergrütze. Das hätten wir nicht tun sollen! Seither muss ich beim Anblick von Blaubeeren immer an gelbe Bagger denken. Am Sonntag wachte ich wieder zur gewohnten Zeit um 7.00 Uhr auf und hörte – nichts. Wahrscheinlich hatte sich mein Körper an diese Zeit angepasst. Das war aber auch zu ärgerlich! Am Montag schlief ich jedoch bis 9.00 Uhr und fühlte mich den ganzen Tag müde, was möglicherweise an den zehn Stunden Schlaf lag, die ich versehentlich hinter mir hatte. Mich machten diese merkwürdigen Umstände schon ganz kirre! Ich ging vorsorglich weit nach Mitternacht schlafen – und wachte pünktlich um 7.00 Uhr auf. Wrrummkrch. Er war wieder da.

Langsam bemerkte ich an mir eine gewisse nervliche Zerrüttung. Ich begann, ein altes Lied aus meiner Kindheit zu summen: »Denn wer baggert da so spät noch am Baggerloch?«* Aber mir wollte einfach nicht die Fortsetzung des Texts einfallen, da ich mich auf nichts mehr konzentrieren konnte. Auch der gutmütige Göttergatte konnte mir nicht weiterhelfen und schaute mich nur verständnislos und leicht besorgt an, als ich ihm das Lied vorsang. Wahrscheinlich war sein Gedächtnis inzwischen in einem ähnlichen Zustand wie meines. Das lag bestimmt an dem Rüttelrüttel, das sich zu dem Wrrummkrch gesellt hatte. Damit sollten wohl die Felsbrocken und der Schotter verdichtet werden, was dazu führte, dass ich langsam aber sicher nicht mehr ganz dicht war. Aber dann, als ich eigentlich gar nicht mehr damit rechnete, war es endlich soweit: Mir fiel die Fortsetzung ein! »Das ist Bodo mit dem Bagger, und der baggert noch.«* Erleichtert sang ich dem gutmütigen Göttergatten den ganzen Text vor. Er griff sofort zum Telefon und beschwerte sich zum x-ten Mal beim Vermieter über den Lärm. Ihm wurde versprochen, dass die Arbeiten am folgenden Tag nun tatsächlich beendet seien.

Wir machten vor Freude einen Luftsprung und gingen wandern, um anderswo die norwegische Ruhe zu genießen. Mühsam und übernächtigt schleppten wir uns eine alte Gebirgsstraße hinauf und blickten aus müden Augen ins Tal. Der gutmütige Göttergatte fotografierte alles sorgfältig und ausführlich, damit wir später zu Hause vielleicht Freude daran finden konnten, wenn wir nicht mehr zu fertig dazu waren. Plötzlich blieb ich wie angewurzelt stehen. Wrrummkrch! Ich griff mit letzter Kraft nach dem Arm des gutmütigen Göttergatten und sah ihn mit angsterfüllten Augen an.

»Hier wird anscheinend auch gebaggert«, sagte er mit leicht belustigtem Unterton, aber dann ließ ihn meine hastig geflüsterte Antwort doch erbleichen: »Dreh dich nicht um! Lass dir nichts anmerken! Er ist uns gefolgt!« Wir brachen den Spaziergang ab und gingen zum Ferienhaus zurück. Selbst den sonst so besonnenen gutmütigen Göttergatten hatte nun die blanke Angst gepackt, denn er warf mir ständig besorgte Blicke zu, während ich ihm meine Theorie ausführlich erläuterte.

Natürlich wurden wir am folgenden Tag durch ein Wrrummkrch geweckt, das sich gewaschen hatte, aber mir war alles gleich. Nachdem ich zu dem Schluss gekommen war, dass es *Frodo* statt *Bodo* heißen müsse, trällerte ich mein Baggerlied, dachte aus mir unerfindlichen Gründen an Männer mit großen Nasen und fragte mich nur hin und wieder, von wem diese Lied wohl stammte. Der gutmütige Göttergatte konnte mir auch nicht weiterhelfen, da er ständig telefonierte. Mit dem Vermieter, dem Reiseveranstalter und unserem Hausarzt, den er aus mir unverständlichen Gründen mein Liedchen mithören ließ. Aber der kannte anscheinend auch weder den Komponisten noch den Interpreten.

Am Abend vor unserer Abreise kam der Vermieter zum Stromablesen. In manchen Ferienhäusern muss man den Strom separat bezahlen, wahrscheinlich damit man die Sauna und den Staubsauger nicht zu verschwenderisch betreibt. Während der gutmütige Göttergatte ihm mit gar nicht gutmütigem Gesichtsausdruck die Tür öffnete, ging ich mit beschwingten Schritten zum Küchenschrank und holte mir einen Topf nebst Kochlöffel und schlug Letzteren beherzt gegen Ersteren: Bong, bong, bong! Der Vermieter sah von einem zum anderen, und sein Blick wurde von Mal zu Mal ängstlicher. Ja, natürlich war ich verrückt! Schließlich veröffentlichte ich auch Satiren und Gedichte. Noch Fragen?

Anscheinend war der Vermieter unschlüssig, über was er sich mehr wundern sollte: mein wunderbar im Takt gedroschenes Bongbongbong oder die völlige Gleichgültigkeit der zweiten Hälfte der Mietpartei. Natürlich hätte ich das nicht tun sollen! Auf keinen Fall! Ein unregelmäßiges Bongbongbong hätte nämlich noch mehr genervt, aber dazu war ich einfach nicht unmusikalisch genug. Mir war auch bewusst, dass mein kläglicher Versuch es keineswegs mit dem Wrrummkrch aufnehmen konnte. Von Wumms und Rüttelrüttel ganz zu schweigen. Aber es machte Spaß und war so herrlich entspannend. Zumindest für mich. Anscheinend war der Strom wohl doch im Preis inbegriffen, denn der Vermieter machte gar keine Anstalten mehr, den Zähler abzulesen und verabschiedete sich. Ich begleitete ihn noch – bong, bong, bong – zum Auto und winkte ihm mit dem Kochlöffel nach.

Wieder drinnen sagte ich gutgelaunt zum gutmütigen Göttergatten: »Es macht echt Spaß, fremde Leute mit Lärm auf die Nerven zu gehen! Im nächsten Leben werde ich Baggerfahrerin!«

»Du hast am Montag übrigens um 8.30 Uhr einen Arzttermin. Ich begleite dich gerne.«

Ich musste also wieder früh aufstehen!

* Kleinzitat aus dem Lied *Bodo mit dem Bagger* von Mike Krüger

Restaurantbesuch

An unserem Hochzeitstag gingen mein Liebling und ich in unser Lieblingsrestaurant und bestellten unsere Lieblingsgerichte. Am Nebentisch saß ein Paar mit zwei kleinen Kindern. Nun, eigentlich saß nur das Paar. Die zwei kleinen Tunichtgute rannten die ganze Zeit zwischen den Tischen herum und ließen sich von der Mutter ab und zu ein Gabel voll Essen in den Mund schieben, bis sie entdeckten, dass der Inhalt fremder Teller viel interessanter aussah als die obligatorischen Fischstäbchen mit Pommes, die sich in unmittelbarer Nähe ihrer verwaisten Stühle befanden und wahrscheinlich inzwischen kalt geworden waren. Der kleinere der beiden Langstreckenläufer hatte blonde Locken, niedliche Grübchen an allen mögliche Körperstellen und konnte gerade mal so über die Tischkante blicken. Der ältere, ein dickes, dunkelhaariges Kerlchen, spähte daher die Teller der Gäste aus und schickte dann seinen kleinen Bruder ganz ungeniert zum Betteln an den entsprechenden Tisch. Anschließend wurde geteilt.

Nun mag ich eigentlich kleine Kinder sehr. Sie müssen dabei nicht einmal niedlich sein. Auch hässliche können durch putziges Verhalten im Handstreich mein Herz erobern. Was ich aber überhaupt nicht leiden kann, sind niedliche Kinder, die wissen, dass sie niedlich sind, und das gnadenlos zur ihrem Vorteil einsetzen. Und Goldlöckchen gehörte eindeutig in diese Kategorie. Sahen die Gäste, die ihm die Erdbeeren und Waffelröllchen kampflos auslieferten oder sie sich sogar vom Teller stibitzen ließen, nicht das berechnende Funkeln in seinen Augen? Achteten sie nicht auf das schleimige, falsche Lächeln seiner speichelnassen, erdbeerverschmierten Lippen?

Ich nahm die Gabel fest in meine rechte Hand und richtete sie drohend gegen den dunkelhaarigen Kundschafter, als er sich unserem Tisch näherte. Mein Waldpilz-Risotto gehörte mir und durfte ausschließlich von mir verspeist und höchstens noch vom gutmütigen Göttergatten gekostet werden.

»Schau mal, Justin!«, krähte prompt der kleine Spion lautstark in Richtung des blondlockigen Erpressers. »Die Frau hat die Gabel in der rechten Hand!«

Ich ließ mir mein Erstaunen über seine detaillierten Kenntnisse bezüglich Etikette nicht anmerken und ergriff stattdessen wieder das Messer, wie es sich gehörte. Außerdem war es für diese Zwecke auch viel besser geeignet. Irgendwelche humanitären Anwandlungen waren bei den zwei Freibeutern nämlich völlig fehl am Platze! Meine Vorgehensweise war jedoch nicht sonderlich clever, denn mein drohender Blick machte meinen Tellerinhalt erst richtig interessant für die zwei Gauner. Der blondgelockte Tellerkaperer baute sich prompt und proper neben mir auf und schaltete sein dummes Bettelgrinsen ein. Der gutmütige Göttergatte schaute etwas verwirrt auf ihn hinab, da ihm die Zusammenhänge nicht klar waren.

›Mist! Ich hätte ihn warnen sollen!‹, schoss mir durch den Kopf. Er ließ sich nämlich gerne mal überrumpeln, was im privaten Kreis ganz spaßig sein konnte, als ihm zum Beispiel meine Freundin mit den Worten »Halt mal bitte kurz.« ihr Baby in den Arm legte, das er dann mit panischem Blick festhielt wie eine tickende Bombe. Aber hier musste ich ihn vor diesen zwei Verbrechern beschützen! Das war meine Pflicht als seine Frau! Und als hätte ich es nicht geahnt, wechselte der blonde Knastanwärter auch schon zu ihm über, deutete auf ein kunstvoll in Rosenform geschnitztes Radieschen, lächelte widerlich und fragte: »Was'n das?«

In meiner Verzweiflung lächelte ich den potenziellen Brunnenvergifter süß-säuerlich an und erklärte: »Das ist eine Radiesbeere! Möchtest du mal probieren?« Sprach's, schnappte meinem verdutzt dreinschauenden gutmütigen Göttergatten die Garnitur vom Teller, träufelte etwas Essig darauf und überreichte sie dem Autoknackeraspiranten, der sie in seiner Gier zwar nahm, aber dennoch kritisch beäugte. Wie aus dem Nichts tauchte sein Gangsterboss auf, und ich beeilte mich, dem Kleinkriminellen zuzuraunen: »An deiner Stelle würde ich so eine tolle Radiesbeere nicht mit meinem Bruder teilen. Iss sie schnell auf! Wenn du sie nicht magst, kannst du sie bei deiner Mama auf den Teller spucken. Die hat bestimmt nichts dagegen.«

Vielleicht hätte ich selbst Kinder haben sollen. Denn das darauffolgende Gezeter am Nachbartisch verriet mir, dass meine Anweisung widerspruchslos befolgt worden war. Welche Mutter wünscht sich das nicht?

Product-Placement

Am Samstagmorgen wollte ich nur schnell ein paar Sachen fürs Wochenende einkaufen, aber der Supermarkt war mal wieder komplett umgeräumt worden. Nur die Obst- und Gemüseabteilung, die Kühltheke und die Tiefkühltruhen befanden sich noch an den üblichen Orten und waren lediglich intern umorganisiert worden. Aber was nicht ist, kann noch werden. In meinem grenzenlosen Optimismus hatte ich die Punkte auf dem Einkaufszettel in derselben Reihenfolge angeordnet, in der sie früher vor Ort sortiert waren. Ach, früher! Da war irgendwie alles besser gewesen. Ich lief im Zickzack durch die Gänge auf der Suche nach Eiern. Der Herr, der mir eine kostenlose Joghurtprobe anbot, stand mir dabei genauso im Weg wie die ältere Dame mit cremeweißer Wollmütze, die ihren Wagen quer in den Hauptgang gestellt hatte und ihren Blick tragisch ins Leere schweifen ließ. Im Vorbeigehen entdeckte ich Mehl und beschloss, mich von meiner Pingeligkeit und der Reihenfolge meines Einkaufszettels zu verabschieden und die Gänge einen nach dem anderen mit meiner Liste zu vergleichen. Das klappte eigentlich ganz gut, bis ich meinen Lieblingskirschsaft ums Verrecken nicht im Getränkeregal finden konnte. Hatten sie den womöglich aus dem Sortiment gekegelt? Und wer hatte das aufwischen müssen? Wahrscheinlich die grimmig dreinblickende Verkäuferin, die ich ansprach. Sie erklärte mir jedoch, dass sich die hochwertigen Säfte in der Obstabteilung befänden. Vielleicht schaute sie so sauer aus der Wäsche, weil sie ab sofort nur noch für den billigen Kram zuständig war. Vielleicht war sie mit diesem Gesichtsausdruck aber auch schon auf die Welt gekommen und hatte ihn sich nur noch nicht abgewöhnt.

Auf dem Weg zur Obstabteilung wurde mir wieder eine kostenlose Joghurtprobe angeboten, aber ich hatte noch immer kein Interesse. Die ältere Dame mit der cremeweißen Wollmütze lehnte ebenfalls dankend ab und schob dann ihren Wagen wieder mitten in den Weg. Ich lud drei Flaschen Kirschsaft in meinen, da ich mir nicht sicher war, ob ich dieses wunderbare Erzeugnis beim nächsten Besuch auch so einfach finden würde, und suchte nach dem letzten Produkt auf meiner Einkaufsliste: Grünkernschrot. Nach fünfzehn Minuten fand ich auch glücklich das Regal mit Reis, Trockenerbsen und allen möglichen Körnern, aber die cremeweiße Wollmütze hatte ihren Wagen quer davorgestellt und murmelte irgendetwas vor sich hin.

»Kann ich Ihnen helfen?«, fragte ich sie freundlich.

»Wo finde ich denn Milch?«

Ich hatte zwar keine Ahnung, aber schickte sie einfach mal nach Westen, wo schon viele ihr Glück gemacht haben, und das Regal stand zu meiner freien Verfügung. Leider waren auch nach längerer Suche nur ganzer Grünkern und Grünkernmehl zu finden. Den zur selben Produktgruppe gehörenden Schrot erblickten meine müden Augen jedoch nicht. Die Verkäuferin, die sich unvorsichtigerweise in meine Nähe gewagt hatte, war auch erstaunt, schickte mich dann aber zum Bio-Regal. Inzwischen lag mein Frühstück fünf Stunden zurück, und ich bekam langsam Hunger. Da kam mir der Joghurtprobierstand gerade recht. Endlich wusste ich, wozu einem ständig irgendwelches Zeug angeboten wurde. Wahrscheinlich senkte das erheblich die Sterberate bei den von der Umräumung verwirrten Kunden. Natürlich traf ich auch im Bio-Regal keinen Grünkernschrot an, aber zum Glück fand ich nach nur zehn Minuten eine Verkäuferin, die dafür zuständig war. Sie schob verlegen ein paar Packungen im Regal hin und her und begann, es endlich einmal richtig aufzuräumen. Ihre flinken und zielsicheren Bewegungen hatten etwas Faszinierendes, fast Hypnotisierendes, aber nach einer Weile wurde mir dennoch langweilig. Sie schickte mich zu einem Spezialregal bei der Obst- und Gemüseabteilung, in dem alle Produkte einer gewissen Firma zu finden seien.

Ich überholte elegant die cremeweiße Wollmütze, verlor aber die Kontrolle über meinen ständig nach links ziehenden Wagen und wäre beinahe mit einem Saftprobierstand kollidiert, der gerade mitten im Weg aufgebaut wurde. Mit schamrotem Gesicht schlich ich zu dem Spezialregal, in dem ich aber nur Trockenfrüchte und Nüsse vorfand. Die Getreideprodukte dieser Firma befänden sich im Getreideregal, wurde ich von einer freundlichen Verkäuferin belehrt. Ich schluckte ein Schluchzen hinunter und erzählte ihr von meiner Odyssee. Plötzlich sah ich in ihrem Gesicht den entschlossenen Blick der Kämpferin, und sie tat etwas, was sie sicherlich noch nie getan hatte: Sie verließ ihren Bereich und drang mit mir in das Revier einer Kollegin ein! Diese war natürlich sofort zur Stelle und hielt ein Klemmbrett wie einen Schild vor ihre üppige Brust, auf die wir es ganz bestimmt nicht abgesehen hatten. Gemeinsam suchten die beiden nach dem Grünkernschrot, wurden jedoch ebenfalls nicht fündig. Daher gingen wir zu dritt zum Bio-Regal, wo sich uns die dort zuständige Kollegin anschloss, die von der Dame mit dem Klemmbrett für die vorbildliche Ordnung im Regal gelobt wurde. Als sich der Tross in Richtung Spezialregal in Bewegung setzte, wurde mir plötzlich schwindlig, und ich musste mich am Frühstücksflockenregal festhalten. Ich hatte seit dem Frühstück vor sieben Stunden nichts mehr getrunken, und mein Kreislauf machte schlapp. Ich wankte zum Saftstand und ließ mir ein kostenloses Probierbecherchen mit Apfelsaft aufnötigen. Danach suchte ich meinen Wagen und drehte mit ihm noch drei Runden am Saftprobierstand vorbei, bis mein Durst einigermaßen gestillt war.

Dann ging ich durch einen Seitengang, da der Hauptgang wieder von der cremeweißen Mütze blockiert wurde, und kam aber trotzdem nicht weiter, weil vor mir eine Karre mit einem riesigen Posten *Erbsen und Möhrchen* im Weg war. In dem schmalen Durchgang stand eine junge Verkäuferin, die immer wieder den Satz schluchzte: »Hier waren früher die Gemüsekonserven, und jetzt ist hier das Chipsregal!«

Ich klopfte ihr tröstend auf die Schulter. »Na, na, na! So schlimm ist das doch gar nicht. In vier Wochen haben sie sich an die neue Sortimentssortierung gewöhnt und finden sich mit geschlossenen Augen zurecht.«

»Nein!«, schluchzte sie. »Dann wird bestimmt wieder umgeräumt!«

Wo sie recht hatte, hatte sie recht, deshalb nahm ich sie in den Arm und gab ihr den Rat: »Bleiben Sie einfach hier stehen und warten Sie ab. Irgendwann kommen die Gemüsekonserven auf ihrer Tournee durch sämtliche Regale wieder hier vorbei, und dann können Sie die Ware einräumen. Sie müssen nur achtgeben, dass sie den Moment nicht verpassen.«

Plötzlich übermannte mich die Sehnsucht nach dem gutmütigen Göttergatten, den ich seit geraumer Zeit nicht mehr gesehen hatte. Ich leckte also an meinem Zeigefinger, hielt ihn in die Luft und bewegte mich dann in die Richtung, aus der der Luftzug kam, wo sich auch tatsächlich die Kassen und der Ausgang befanden. Direkt davor bauten sie gerade einen Weinprobierstand auf. Wahrscheinlich sollte man sich den

Supermarkt schönsaufen. Als ich endlich bezahlt hatte, drehte ich mich am Ausgang noch einmal um und freute mich unbändig, dass sich wenigstens der Supermarkt selbst noch an der üblichen Stelle befand.

Friseurbesuchversuch

Gerade als ich die Post aus dem Briefkasten genommen hatte, stieg Heike aus dem Auto. Sie strahlte wie ein Filmstar und kam zu mir herüber. Ich wusste sofort, was das zu bedeuten hatte, und kramte verzweifelt in meinem Gedächtnis, wie eigentlich ihre Winterjacke aussah, denn jetzt ging es in eine neue Raterunde, und der Kandidat war wie immer schlecht vorbereitet.

»Na? Fällt dir was an mir auf?«

Oh, wie ich diese Frage hasse! Deshalb stelle ich sie niemals dem gutmütigen Göttergatten, weil ich ihn liebe und möchte, dass er sich in meiner Gegenwart wohlfühlt. Wahrscheinlich weiß Manfred auch nie eine Antwort. Deshalb nervt seine Ehefrau lieber ihre Nachbarinnen. Aber inzwischen war ich etwas geübter und folgte ihrem Blick. Ist er nach unten gerichtet, kann es sich nur um Jacke/Schuhe handeln. Mit neuen Hosen kommt sie mir zum Glück nicht auch noch. Tänzelt sie dabei neckisch herum, sind es eindeutig die Schuhe. Zupft sie an irgendetwas, handelt es sich um den Bereich Halstuch/Schal/Schmuck/Handtasche. Dieses Mal schaute sie mir starr in die Augen. Es musste sich also um irgendetwas an ihrem Kopf handeln! Lidschatten? Lippenstift? Der fürchterliche Gestank nach Haarspray und Shampoo brachte mich auf den richtigen Weg. »Du hast eine neue Haarfarbe! Das sieht aber toll aus!«

»Ja? Findest du? Ich habe den neuen Salon in der Hindenburgstraße ausprobiert. Coiffeur Clarisse! Das ist nicht nur so ein Friseursalon. Claudia ist die Inhaberin. Ich kenne sie aus dem Spanischkurs. Die Farbe heißt Schokopraline und ist zur Zeit der Renner!«

Die Frage, warum Haarfarben eigentlich nach Lebensmitteln benannt werden, hatte mich seit Langem beschäftigt und kam nun wieder in mir hoch. Zum Glück kam nicht noch mehr hoch, denn in diesem Zusammenhang musste ich immer an meine Grundschulzeit denken. Dreißig Prozent der Mädchen hatten damals an ihren Haaren gelutscht oder gekaut. Es war einfach widerlich gewesen. Inzwischen hatten sie es sich sicherlich irgendwie abgewöhnt, aber wie hoch war wohl die Rückfallquote, wenn sie neuerdings die Haare mit einem nach einem Lebensmittel benannten Chemikaliencocktail gefärbt bekamen? Ich konnte bei Pralinen nur selten widerstehen. Während ich so meinen Gedanken nachhing, hatte Heike munter weitergeredet und mir detailliert ihren neuen Haarschnitt erläutert. Plötzlich leuchteten ihre Augen vor Begeisterung, und mir war sofort klar, was kommen würde. Ich ließ unwillkürlich die Schultern hängen. Und da kam es auch schon: »Die könnten bestimmt auch dir helfen! Eine neue Frisur würde einen völlig neuen Menschen aus dir machen. Versuch es!"

»Ich will aber gar kein neuer Mensch werden. Ich fühle mich als alter Mensch recht wohl. Man weiß nie, was nachkommt.«

»Alter Mensch! Du bist doch nicht alt!« Für Wortspiele hatte sie noch nie etwas übrig gehabt. »Im Gegenteil! Mit einem flotten Schnitt würdest du richtig jung aussehen!«

Ich war verloren! Mühsam versuchte ich, mich in den folgenden zwanzig Minuten zur Wehr zu setzen, aber dieser klägliche Versuch verkam zum reinen Rückzugsgefecht. Warum haben Friseure spontan noch Termine frei und Zahnärzte nicht? Mit dieser Frage beschäftigte ich mich, als ich kurze Zeit später auf einem Stuhl im Salon Clarisse saß und mein ängstliches Gesicht im Spiegel betrachtete.

Die Friseurin tanzte plappernd um mich herum und traktierte mich mit Frisurenjournalen. Heike, die anscheinend mitgekommen war, um einen Fluchtversuch vereiteln zu können, deutete fleißig auf alle möglichen Fotos von Modellen, die in ihrer Freizeit sicherlich ganz anders aussahen. Irgendwann hatten die beiden sich geeinigt, und es konnte losgehen. Ich war nach all dem Stress und der Angst so erschöpft, dass ich bei der Kopfmassage einschlief. Eines musste ich diesem Friseursalon lassen: Die Stühle waren unheimlich bequem. Ich schlief tief und fest, und als ich aufwachte, sah ich aus wie mein früherer Lateinlehrer. Der hatte schulterlange, schmalzige Haare mit Seitenscheitel getragen und war mir auch sonst sehr unsympathisch gewesen. Meine Haare waren noch nass und nicht schmalzig, aber auch nach dem Föhnen konnte ich mich überhaupt nicht mit dem Anblick des neuen Menschen anfreunden, den sie aus mir gemacht hatten. Mit hängenden Schultern ging ich nach Hause und sah damit wahrscheinlich endgültig wie mein Lateinlehrer aus.

Dem gutmütigen Göttergatten fiel nichts auf. Manchmal hat man eben Glück im Leben. Erst als ich den Rest des Abends stiller war, sah er mich etwas genauer an und fragte besorgt: »Ist etwas passiert? Bist du krank?«

»Ich musste zum Friseur.«

»Heike?«

»Ja.«

»Muss ich das verstehen?«

»Nein.«

»Gehst du morgen nochmal hin?«

»Ja.«

»Sehr schön!«

Man zeigte Verständnis im Salon Clarisse und machte mir einen Sonderpreis. Dafür war ich damit einverstanden, dass eine der Auszubildenden ihr neues Können an meinem Kopf ausprobieren durfte. Voller Zuversicht saß ich in dem bequemen Stuhl und dachte mir, dass es nur noch besser werden konnte, bis ich im Hintergrund zufällig folgenden Dialog mithören musste: »Du schaffst das! Das passiert bestimmt nicht noch einmal! Jeder macht mal einen Anfängerfehler. Den wiederholt man nie wieder.«

»Aber wenn mir wieder die Schere abrutscht?«

»Ach, die Kundin ist anspruchslos. Da macht das nichts. Also los!«

Ein junges Mädchen trat zögerlich an meine Seite und stellte sich als Jacqueline vor. Mir war himmelangst, aber es half nichts. Mit panischem Blick sah ich ihr im Spiegel zu, wie sie mir einen schrägen Pony schnitt und ihn so lange korrigierte, bis er viel zu kurz war. Der Duft ihres Angstschweißes vermischte sich mit meinem. Als ich den Salon verließ, konnte mich auch das Bewusstsein, etwas für die Ausbildung junger Menschen in meinem Heimatland getan zu haben, nicht trösten. Ich fühlte mich schrecklich. Dabei war der Schnitt am Ende gratis gewesen.

»Diese Friseurin nennt sich zwar Clarisse, aber ganz klar isse wohl nicht im Kopf!«, war der lapidare Kommentar des gutmütigen Göttergatten. Meine neue Frisur war ihm sofort aufgefallen. So ein Mist! Zum Glück war es Winter, und ich kaufte mir ein paar hübsche Mützen, die ich in den folgenden Wochen fleißig trug, wenn ich das Haus verließ.

Als endlich genug Haar für einen erneuten Versuch nachgewachsen war, ging ich todesmutig zurück in den Salon Clarisse. Man erinnerte sich dort anscheinend noch an das Malheur. Deshalb wurde ich besonders freundlich empfangen und sollte von der Chefin persönlich betreut werden. Ich setzte mich schweigend auf den bequemen Stuhl und harrte der Dinge, die da kommen sollten. Anfangs versuchte sie, mich in ein Gespräch zu verwickeln, aber mir war nicht nach reden zumute. Sie gab es bald auf und hörte der Kundin neben mir zu, die ausführlich von ihrem Teneriffaurlaub erzählte und gar kein Ende mehr fand. Ich schloss die Augen und drückte mir heimlich unter dem Umhang selbst die Daumen. Aber es half nichts. Die Coiffeurin Claudia hatte nicht nur der Erzählung der Dame gelauscht, sondern auch ihren detaillieren Anweisungen und Wünschen. Ich sah genauso aus wie meine Sitznachbarin, die anscheinend eine glühende Verehrerin unserer Bundeskanzlerin war. Natürlich musste ich den Schnitt wieder nicht bezahlen. Billig war dieser neue Salon ja. Das musste man dieser Claudia lassen! Drei katastrophale Schnitte zum Preis von einem. Zum Glück war der Frühling noch fern, und ich hatte zu Hause eine recht nette Auswahl an Mützen, deren Anschaffung sich nun endgültig rentiert hatte. Nur der Heimweg machte mir Sorgen.

Es ging ein leichter Wind, aber man hatte mir die Frisur nach alter Mütter Sitte ordentlich festgesprayt. Unterwegs traf ich die Sprechstundenhilfe unseres Hausarztes, die mich zwar freundlich grüßte, aber auch denselben mitleidigen Gesichtsausruck hatte, der einem immer so gut tat, wenn man sich sehr krank fühlte. Als ich dankbar zurückgrüßte, erfasste ein etwas heftigerer Windstoß mein Deckhaar und klappte es wie ein Brett nach oben. Sie blieb standhaft und ging weiter. Sie wälzte sich nicht auf dem Boden, kein Lachkrampf schüttelte ihre Schultern, nicht einmal ein Lächeln umspielte ihre Lippen. Bewundernswerte Selbstbeherrschung! Aber unser Hausarzt hatte eben hervorragend geschulte Angestellte.

Leider war der gutmütige Göttergatte nicht ganz so gut geschult, obwohl er verzweifelt versuchte, das spontane Grinsen sofort zu korrigieren. Aber es verging ihm schnell, als ich ihm stolz die Haarschere präsentierte, die ich auf dem Heimweg gekauft hatte. »Du kannst so toll tapezieren, Fliesen verlegen, Vogelhäuschen bauen und kaputtes Zeug reparieren! Da kannst du bestimmt auch Haare schneiden. Überrasch mich! Schlimmer als jetzt kann es nicht werden!«

Gezwitscher

Lange war ich standhaft geblieben, aber als auch noch meine Freundin Agnes begeistert von Twitter erzählte, fegte ich meine Vorurteile beiseite und meldete mich an. Ich sah mir die Sache ganz genau an, setzte den Tweet »Hallo! Ich bin jetzt auch hier und wünsche euch einen schönen Tag!« ab und wartete. Nichts passierte.

Gegen Abend schaute ich wieder dort vorbei und fand ein paar Follower. Entzückt und geschmeichelt followte ich zurück und las mit schwindender Begeisterung ihre Tweets. Alles Spam! Gut! Nun hatte ich also auch den Anfängerfehler hinter mir. Ich entfollowte (Dieses Wort markierte mir jetzt natürlich meine Rechtschreibprüfung. Zu Recht!) die ganze von je einem Produkt total begeisterte Bagage wieder und ließ den Tweet auf die Menschheit los: »Glück ist die Summe aller Dinge, die wir lieben.« Die restlichen Zeichen ließ ich wieder verfallen, obwohl mir bewusst war, dass sie dadurch für immer verloren waren, da man sie laut Anleitung nicht beim nächsten Tweet auf die erlaubten 140 Zeichen draufschlagen durfte. Nichts geschah.

Am nächsten Nachmittag traf ich Heike beim Einkaufen und erzählte ihr stolz, dass ich nun auch bei Twitter sei.
 »Super! Endlich! Das hat aber mal wieder gedauert bei dir! Wie lautet denn dein Benutzername?«
 Nun fiel auch bei mir der Groschen. Dass man unbedingt bei Twitter sein musste, war nur die halbe Wahrheit. Man musste anscheinend auch allen davon erzählen. Und das möglichst nicht über Twitter. Ich erreichte dort zwar theoretisch mit einem Klick die ganze Welt, aber eben nur in der Theo-

rie. Erst musste ich die Welt dazu bringen, mir zu folgen. Aber wie macht man das? Es gelingt mir ja nicht einmal im Alltag, dass meine Mitmenschen meinen Gedankengängen folgen können. Wie bringe ich das mit wildfremden Leuten bei Twitter fertig? Und wozu soll das gut sein?

»Ich kümmere mich darum!«, versicherte mir Heike überzeugend. Na, dann war ja alles gut!

Und sie hielt Wort. Am Abend hatte ich eine neue Followerin namens HeikeNichtMeike, die meinen Account, den ich fantasielos MonikaKubach genannt hatte, ihren Followern wärmstens mit den Worten empfahl: »Die @MonikaKubach ist jetzt endlich auch hier und freut sich über Follower!« Das schlug ein wie eine Bombe! Plötzlich folgten mir jede Menge Leute mit merkwürden Namen, die ich überhaupt nicht kannte. Natürlich stand mir da gleich wieder meine Schüchternheit im Weg, und ich las erst einmal in Ruhe, was meine neuen Verfolger mir so zu sagen hatten.

MistgabelAugust68 vermeldete zum Beispiel pflichtbewusst: »Endlich Schreibtisch aufgeräumt! War echt nichts mehr zu finden!«

Und Schokivernichter antwortete ihm daraufhin prompt: »@MistgabelAugust68 Hast du auch daran gedacht, den Locher zu leeren? Haha!«

MistgabelAugust68 kommentierte das unverzüglich mit: »@Schokivernichter Haha! Witzbold! Das vergesse ich so schnell nicht mehr! In meinem Papierkorb ist jetzt Karneval. Helau!«

Nicht nur das merkwürdige Humorverständnis der beiden wirkte auf mich befremdlich, sondern auch die Trivialität der Tweets. Das war also Twitter? Hilfe!

Aber dann dachte ich in Ruhe und systematisch über die ganze Angelegenheit nach. Dabei stellte ich mir folgende Fragen: Wer sind diese Leute? Warum geben sie sich so alberne Namen? Und warum schreiben sie so einen langweiligen Quatsch? Die Antwort war so einfach wie erschreckend: Es musste sich um einen Geheimcode handeln! Kein Mensch verschwendet seine Zeit, um so einen Blödsinn in die Welt zu posaunen! Das ist nicht nur hirnrissig, sondern auch oberpeinlich. Eine E-Mail mit diesem Inhalt an einen geistig minderbemittelten Verwandten nach einer Weihnachtsfeier, auf der der Sekt in Strömen geflossen war, könnte man gerade noch so durchgehen lassen. Da würde man auch bei der Kopie des Hinterns als Attachment ein Auge krampfhaft zukneifen und am nächsten Morgen kein Wort darüber verlieren, sondern vom Wetter reden. Aber einfach so als Tweet an die ganze Welt? Haha! Darauf fiel ich nicht herein! Ich ging die Fragen also noch einmal einzeln durch. Wer sind diese Leute? Verbrecher. Warum geben sie sich so alberne Namen? Um von der Polizei nicht erkannt zu werden. Und warum schreiben sie so einen langweiligen Quatsch? Jedes Wort hatte eine bestimmte Bedeutung. Aneinandergereiht und durch das Hinzufügen harmloser Wörter als vollständige Sätze getarnt wurden diese Geheimbotschaften unter den Augen der Welt ganz ungeniert ausgetauscht. Genial! So konnte man das perfekte Verbrechen planen! Ich war erschüttert!

Schon wollte ich zum Hörer greifen, um die Polizei zu verständigen, als mir dann doch ein paar Zweifel kamen. Würde man mir glauben? Schließlich waren auch Abteilungen der Polizei im Internet unterwegs und hatten diese geheimen Machenschaften noch nicht aufgedeckt, obwohl die Mitarbeiter viel kompetenter waren als ich arme Satirikerin. Vielleicht würden sie mich für verrückt halten. Wahrscheinlich würden Tippgeber erst einmal auf ihre Glaubwürdigkeit überprüft werden. Spätestens nach der Lektüre der Leseprobe zu diesem Buch wäre meine Karriere als Polizeiinformantin gleich wieder vorbei. So viel war klar!

Ich druckte die Tweets aus und wandte mich hilfesuchend an Heike, die mir mit dem Geschirrtuch in der Hand die Tür öffnete, da sie gerade dabei war, die Spülmaschine auszuräumen. Ich setzte mich auf einen Küchenstuhl, sah ihr zu und erläuterte ihr meine Theorie: »Verstehst du? Es scheint dabei zwar oberflächlich gesehen um einen Schreibtisch zu gehen, aber es könnte auch ein Juwelierladen sein, der nicht auf-, sondern ausgeräumt wurde. Und mit der Locherleerung könnte das Verwischen der Spuren gemeint sein, an das der Ganove von seinem Boss erinnert wurde. Der Papierkorb ist der Ort, an dem die Beute – Karneval genannt – versteckt wurde. Haha und Helau sind bestimmte Codes, deren Bedeutung man noch entschlüsseln müsste, aber ich bin da auf einem guten Weg!«

»Du bist auf dem Holzweg und leider endgültig nicht mehr ganz bei Trost! Schokivernichter ist mein dicker Cousin Bodo. Der arbeitet beim Finanzamt und unterhält sich mit seinen bescheuerten Kollegen über Twitter, wenn ihm langweilig wird.« Mit einem schrägen Blick auf meinen dunkelblau und schwarz karierten Wollminirock fügte sie noch hinzu: »Du solltest dich vielleicht wirklich besser mit Tweed statt mit Tweets beschäftigen. Nicht jeder hat so eine blühende Fantasie wie du. Deshalb schreiben sie eben so einen langweiligen Kram. Hier! Diesen Schnellkochtopf hat mir Bodo zur Hochzeit geschenkt. Der funktioniert noch immer zuverlässig und braucht nur hin und wieder einen neuen

Gummiring, wenn er nicht mehr ganz dicht ist. Wie der Herr, so's Gescherr. Mehr Ideen sind von dem armen Kerl aber nicht zu erwarten.«

»Du meinst, er leerte wirklich nur seinen Locher aus? Und das teilt er uns allen mit?«

»Warum liest du diesen Blödsinn überhaupt? Ich mache das schon lange nicht mehr. Dazu fehlt mir einfach die Zeit. Hin und wieder poste ich da für meine Freundinnen einen Link zu einem Kochrezept, das ich erfolgreich getestet habe, und das war's dann aber auch. Niemand liest bei Twitter! Darum geht es doch gar nicht!«

»Wenn dort niemand liest, worum geht es denn dann bei Twitter?«

»Man packt Informationen in ein Feld mit 140 Zeichen.«

Deshalb habe ich nun bereits seit einer Weile keine Tweets mehr verfasst. Ich habe der Welt einfach nichts zu sagen. Auch nicht mit weniger als 140 Zeichen. Wer das nicht glauben will, kann sich bei Twitter davon überzeugen, denn den Account gibt es wirklich. @MonikaKubach freut sich über Follower und verspricht, sie nicht mit Tweets zu belästigen. Bei meinem Facebook-Konto lege ich diesbezüglich allerdings nicht die Hand ins Feuer ...

Der Weihnachtsbaum

In jeder Familie gibt es ganz spezielle Weihnachtstraditionen, die festschreiben, was gegessen werden muss, ob die Kirche heimgesucht wird, was wie zu dekorieren ist, wer wann besucht wird oder wann und wie die Bescherung stattfindet. Bei mir ist es inzwischen ein beliebter Brauch, mich von den Verwandten, so gut es nur eben geht, fernzuhalten und Weihnachten in trauter Zweisamkeit mit dem gutmütigen Göttergatten zu verbringen. Leider ist uns das nicht jedes Jahr vergönnt, aber ich gebe mir große Mühe und pflege dieses Brauchtum mit besonderer Sorgfalt. Außerdem benötigen wir grundsätzlich unbedingt einen Weihnachtsbaum. Und da ist es eine alte Sitte in unserem Haushalt, dass er prinzipiell im strömenden Regen ausgesucht und gekauft wird.

Deshalb war ich fast ein wenig verstört, als im Dezember 2012 plötzlich genau an unserem Weihnachtsbaumkauftag dicke Schneeflocken fielen. Man konnte sich nicht einmal auf die schlechte Laune des Adventswetters mehr verlassen. Schnee im Dezember? Der Weltuntergang musste unmittelbar bevorstehen! Verwundert und etwas nachdenklich stapften wir den tiefverschneiten Weg vom Kundenparkplatz zum Gartenfachbetrieb, wie sich diese Baumschule selbst nannte, und blickten verstohlen auf die unförmigen Gebilde, die dick mit einer weißen Schicht bedeckt links und rechts herumstanden. Sollte es sich dabei etwa um Weihnachtsbäume handeln? Oder waren das irgendwelche anderen Pflanzen? Oder Komposthaufen? Zur Abholung bereitgestellte Baumschnittabfälle des zum Betrieb gehörenden Landschaftsgärtners? Gewisse Berührungsängste überkamen mich, und ich schaute ratlos von einem Schneegebilde zum nächsten.

»Welchen nehmen wir?«, fragte der gutmütige Göttergatte. »Die sehen alle so gleich aus!«

Weit und breit war kein Verkäufer zu sehen, und langsam aber sicher begannen wir ebenfalls einzuschneien. Dicke Flocken blieben auf unseren Köpfen und Schultern liegen. War die Frage »Was befindet sich unter der Schneedecke?« womöglich inkorrekt gestellt? Sollte man besser »Wer?« fragen? Warteten dort etwa noch weitere Kunden auf einen Verkäufer und waren nur nicht mehr sofort als solche zu erkennen?

»Soll ich mal einen schütteln?«, bot der gutmütige Göttergatte zögerlich an. Mein »Nein!« kam vielleicht ein klein wenig zu panisch rüber, denn er schaute mich überrascht an. Ich riss mich zusammen und fügte ohne nachzudenken rasch hinzu: »Ich will lieber einen grünen.«

»Die sind alle weiß. Und du nimmst, was du kriegst.«

»Wir hatten all die Jahre einen grünen. Darf ich dann wenigstens statt Lametta Ostergras dranhängen?«

Der Verkäufer, der plötzlich wie aus dem Nichts aufgetaucht war (War er etwa die ganze Zeit eines der Schneegebilde gewesen und hatte uns belauscht?), schüttelte einen Baum. »Wie wäre es mit diesem?«

Ich ließ mir meinen Verdacht nicht anmerken und überspielte meinen Schock gekonnt. »Oh, super, da ist ja doch noch ein grüner!«

Der gutmütige Göttergatte setzte ebenfalls seine Pokermiene auf. »Gut, den nehmen wir!«

Der Verkäufer hatte ein wenig seiner Selbstsicherheit und Geschäftstüchtigkeit eingebüßt und murmelte leicht irritiert:

»Das ist nur Schnee. Ich kann auch noch die anderen schütteln, wenn Sie möchten.«

»Meine Frau macht nur Spaß. Dagegen hilft auch kein Schütteln.«

Die drei Hexen

Als Heike mir im bunten Hexenkostüm die Tür öffnete, war mir natürlich sofort klar, was heute für ein Tag war, aber vorher hatte ich mir überhaupt nichts dabei gedacht. Ehrlich nicht! Schließlich hatte sie mich letzte Woche lediglich dazu überredet, zusammen mit ihren drei kleinen Großnichten zu einer Party zu gehen. Ich hatte da an Kindergeburtstage oder ähnliches gedacht, die von Jahr zu Jahr immer aufwendiger und dadurch betreuungsintensiver wurden. Und nun stand ich da in meiner schwarzen Jeans und dem schwarzen Mantel über der graugemusterten Bluse und wusste, was fällig war.

»Ach, du gehst als Bestatter?«

»Nein. Du hast mir nicht gesagt, dass ich mich verkleiden soll.«

»Es ist Fasching, und wir gehen mit den Kindern auf eine Party. Preisfrage: Um welche Art von Party handelt es sich dabei wohl? Antwort A: Eine Hochzeit – Antwort B: Die Einweihungsparty eines Altersheims – Antwort C ...«

»Ja, ja! Ich hab's kapiert. Sorry! Ich dachte nicht daran, dass Fasching ist. Ich dachte, das sei ein Kindergeburtstag oder so.«

»Und ich denke: Morgen schenke ich dir einen Kalender. Und jetzt komm rein, wir müssen gleich los. Die Kids drehen schon fast durch vor Aufregung.«

Sofort war ich von drei kleineren Hexenausgaben umringt, die alle fröhlich vor sich hin plapperten. Die Schüchternheit, die ich in dem Alter empfunden hatte, war inzwischen anscheinend aus der Mode gekommen, denn die Kleinste stupste mir den Finger in den Bauch und fragte: »Du! Wie heißt du?«

»Monika. Und wie heißt du?«

»Mia. Du! Warum bist du so komisch verkleidet?«

»Naja, weißt du ...«

»Die Monika geht als Finanzbeamtin. Das ist etwas ganz Feines!«, kam mir Heike schnell zu Hilfe. »Das ist Lea, und das ist Amelie. Mädels, geht noch mal auf die Toilette und zieht anschließend eure Jacken an! Dann können wir los!«

»Eure Kostüme sind toll! Und alle im Einheitslook!«

»Meine Nichte näht selbst. Damit es keinen Streit gibt, bekommen alle das gleiche Kostüm. Als ich ihr anbot, mit der Rasselbande auf den Kinderfasching zu gehen, nähte sie mir einfach auch eines. Übung hatte sie ja darin. Wenn ich gewusst hätte, dass du ein Kostüm brauchst, hätte sie dir bestimmt auch etwas zurechtgemacht. Sie ist hochschwanger. Deshalb kommt sie nicht mit. Sie lässt dich herzlich grüßen und bedankt sich, dass du das Theater an ihrer Stelle mitmachst.«

»Gern geschehen!«, murmelte ich von schlimmen Vorahnungen geplagt. Wenn Heike sich nicht allein mit den Mädchen auf die Party traute, dann musste es ganz übel sein.

Im Auto wurden kräftig Weihnachtslieder gesungen. Was mich zuerst überraschte, erschien mir nach einer Weile logisch: Da übt man im Kindergarten beziehungsweise in der Grundschule wochenlang Lieder, und nachdem man sie endlich auswendig kann, soll man sie im Februar plötzlich nicht mehr singen? Und wenn man sie im Oktober vergessen hat, bekommt man sie aufs Neue eingetrichtert? So einen Unfug können sich nur die Erwachsenen ausdenken. Ich erwischte mich dabei, wie ich leise »Kling, Glöckchen, klingelingeling« mitsummte. Dann waren wir aber auch schon da und verfrachteten kleine Hexen in die Mehrzweckhalle, in der der örtliche Männergesangsverein die Kinderparty veranstaltete.

Der Cowboy meiner Kindertage war mit vereinten Kräften von Zauberer und Ritter verdrängt worden. Der Tausch Platzpatronencolt gegen Zauberstab und Schwert gefiel mir. Machten letztere doch nicht so einen albernen Lärm. Früher war nicht alles besser!

Wir fünf setzten uns an einen der Tische. Und als wir alle Platz genommen hatten, standen drei sofort wieder auf und rannten mit den anderen Kindern um die Tische herum.
»Was soll ich hier eigentlich machen?«, fragte ich Heike, die die Getränkekarte studierte.
»Du passt auf den Tisch, unsere Jacken und ganz besonders auf meine Handtasche auf, während ich auf Auas puste, Tränen trockne und mit Mia aufs Klo gehe. Was möchtest du trinken? Wir sind von Julia eingeladen.«
»Ich nehme ein stilles Wasser. Ich muss denen also nicht hinterherlaufen?«
»Stilles Wasser gibt es nicht. Das ist tiefste Provinzgastronomie. Hier wird nach dem Anstoßen aufgestoßen. Die Mädels wissen, dass sie die Halle nicht verlassen dürfen. Wenn ich denen allen hinterherrennen wollte, bräuchte ich noch eine dritte Erwachsene, damit Manndeckung möglich ist. Oder drei Kälberstricke, mit denen ich sie an den Stühlen festbinde. Aber dann bräuchte ich auch einen Gehörschutz für das Geplärre. Wenn sie müde oder durstig werden, kommen sie von alleine. Wenn sie sich verletzen, werden wir es trotz Musik hören.«
Ich nahm die Getränkekarte, seufzte wie alle Teetrinker beim Anblick des Worts *Schwarztee* und bestellte später bei der Bedienung ein Mineralwasser mit einem Teelöffel, um die Kohlensäure herauszurühren. Die Mädchen bekamen drei Fläschchen Limonade, und Heike entschied sich für eine Tas-

se Kaffee, über die sie einen der zweifelhaften Bierdeckel aus dem Tischständer legte. Bevor ich sie noch fragen konnte, wozu das gut sei, kam die Antwort in Form eines Clowns, der mit billigen Bonbons um sich warf. Trotz seiner unbedeutenden Größe war er im richtigen Leben wahrscheinlich Basketballspieler, denn ein Bonbon landete natürlich in meinem Glas, in das ich in meiner ahnungslosen Kühnheit die Hälfte des Mineralwasserfläschchens gekippt hatte. Die Kohlensäure war anschließend aber deutlich weniger geworden. Das Wasser leider ebenfalls. Der Löffel erwies sich auch als zum Herausfischen von Bonbons geeignet.

Heike grinste, als ich ein Papiertaschentuch hervorholte, über mein Glas legte und mit einem der Bierdeckel abdeckte.
»Ah! Das ist die Fortgeschrittenenvariante für Mysophobie-Patienten.«
»Gib zu! Das Wort hast du extra gegoogelt!«
»Ja!« Heike lachte und zwinkerte mir zu. »Das wirst du ab sofort öfter hören. Dass du es kennst, verrät dich aber! Normale Menschen fragen: Was ist das?«
Erwischt! Um uns herum tobte derweil das junge Leben. Es galt anscheinend die Regel: Was auf dem Boden liegt, gehört dem Finder. Deshalb krabbelte ein Dutzend Kinder auf allen vieren neben und unter unserem Tisch herum und sammelte die Bonbons auf, mit denen der Clown mein Glas verfehlt hatte.
»He! Das sind unsere Bonbons!« Amelie stand plötzlich neben uns und stemmte empört die Hände in die Hüften. Den Kindern auf dem Boden war das egal, weshalb der Junge zu ihren Füßen einen ordentlichen Tritt bekam. Er stand auf und gab der einen Kopf kleineren Furie eine Ohrfeige und lief weg. Amelie natürlich hinterher. Und Heike hinter Amelie.

Ich grinste mir eins und nahm Heikes Handtasche in Gewahrsam. Eigentlich war die Arbeitsaufteilung optimal und entsprach ganz dem jeweiligen Temperament. Ich rückte mit dem Stuhl ein wenig zur Seite, da man sich anscheinend nicht traute die darunterliegenden Bonbons zu nehmen. Vielleicht galt die Regel: Was unter dem Stuhl liegt, gehört dem Drübersitzer. So ganz kannte ich mich mit den Kinderfaschingsbenimmregeln noch nicht aus. Ein kleines Mädchen bedankte sich daraufhin sogar artig. Ich sah mir die Bonbons, die auf unserem Tisch lagen, etwas genauer an. Sie waren quadratisch und auf dem Papier waren verschiedene Obstsorten abgebildet. Das feuchte Exemplar aus meinem Glas zeigte eine Kirsche. Ich packte es aus und probierte es vorsichtig. Irgendeine dunkle Erinnerung aus meiner Kindheit sagte mir, dass das Kaubonbons sein mussten, aber den Geschmack hatte ich als nicht so scheußlich im Gedächtnis. Schnell schluckte ich das Zeug hinunter und spülte mit dem säuerlichen Wasser nach. Die Gastronomie sagte mir nicht so zu wie die Arbeitsteilung, aber das Leben war nun mal kein Kindergeburtstag – ganz besonders beim Kinderfasching. Heike kam mit einer heulenden Amelie im Schlepptau zurück.

»So! Du setzt dich jetzt fünf Minuten auf diesen Stuhl! Wenn du dich dann beruhigt hast, darfst du wieder zu den anderen Kindern. Aber es wird weder geschlagen noch getreten! Ist das klar?«

»Er hat mich gehaauuuun!«, heulte Amelie.

»Ja, weil du ihn getreten hast.«

»Hab ich doch gahaaar nicht!«

»Wie nennst du das dann, was du mit deinem Fuß in seiner Seite gemacht hast?«

»Ich hab ihn nur angestupst.«

»Na, und er hat dich ins Gesicht gestupst. Damit ist die Sache erledigt! Wenn du magst, kannst du mir mit den Bonbons hier helfen.« Heike holte einen Stoffbeutel aus der Handtasche, und Amelie sammelte brav die Bonbons vom Tisch und steckte sie hinein.

»Und denk daran: Hier wird nichts davon gegessen. Sonst wird euch beim Spielen schlecht. Daheim wird gerecht geteilt.«

»Aber Monika hat auch eins gegessen.« Das zerknüllte Papier-Indiz lag deutlich sichtbar an meinem Platz, und ich bekam einen roten Kopf wie ein kleines Schulmädchen. Verdammt! Wenn ich ein ekliges Bonbon essen will, dann mache ich das! Schließlich bin ich erwachsen. Für irgendetwas muss das doch gut sein, wenn es auch sonst fast nur Nachteile hat!

Heike grinste. »Du hast das echt gegessen?«

»Ich hatte das anders in Erinnerung«, gestand ich verschämt.

»Nach Fasching spielen wir mit den Dingern immer Sorte-Raten. Man schließt die Augen, greift sich eines aus der Tüte, packt es aus, isst es, nennt die Sorte, öffnet die Augen und schaut aufs Papier. Man darf erst aufhören, wenn man einmal richtig geraten hat. Wenn du Glück hast, erwischst du als Erstes Zitrone und darfst aufhören. Wenn du Pech hast, bekommst du Kirsche, tippst auf Orange, und dein Geschmackssinn ist so ruiniert, dass du den Rest des Abends überhaupt nichts mehr errätst. Einmal musste ich mich nach zwei Dutzend Bonbons übergeben. Damals wusste ich noch nicht, dass ich mit Britney schwanger war und unter erschwerten Bedingungen spielte.«

»Du warst vor Britneys Geburt auf dem Kinderfasching?«

»Ach, Quatsch! Da waren wir auf dem Faschingsumzug!« Heike lachte. »Aber da bekommen mich keine zehn Pferde mehr hin! Manfred und ich sind so froh, dass Britney inzwischen zu cool dafür ist. Wahrscheinlich ist meine Abneigung ein Zeichen, dass ich alt werde.«

»Dann war ich schon immer alt.«

»Du warst noch nie auf einem Faschingsumzug? Mensch! Das muss man erlebt haben! Sollen wir zusammen hin?«

»Ich habe aber keine zehn Pferde.«

»Für dich würde ich das machen!«

»Danke. Das ist nett von dir. Aber das ist ganz bestimmt nichts für mich. Wenn ich da stundenlang herumstehen muss, falle ich garantiert in Ohnmacht.«

»Da steht man nicht nur. Da tanzt man auch und singt.«

»Und säuft und kotzt. Wenn auch nicht ich selbst, dann aber der Nebenmann auf meine Jacke.«

»Hey! Du kennst dich aus! Bist du dir sicher, dass du noch nie selbst dort warst?« Heike zwinkerte mir zu. »Nee, ich kann mir dich auch nicht auf dem Umzug vorstellen. Wenn man dir nicht vorher sagt, dass du dich verkleiden sollst, kommst du in alten Jeans, weil du glaubst, dass du dort Umzugskisten schleppen sollst. Und dann fragst du dich, warum der Typ vor dir einen Regenschirm aufspannt – und dann auch noch verkehrt herum hält – obwohl es gar nicht regnet.«

»Also ganz blöd bin ich nicht. Ich habe mir als Kind die großen Umzüge mit meiner Mutter im Fernsehen angesehen.« Ich musste sehr über das Bild lachen, das Heike da in Gedanken von mir zeichnete. »Ich streiche mir nur nicht Fasching dick im Kalender an.«

Plötzlich tauchten neben uns zwei kleine Hexen auf, von denen die kleinere den Rock hochhielt, sodass man den mit einer dicken Strumpfhose ummantelten Popo sehen konnte.

»Was machst denn du da?«, fragte Heike verwundert.

»Lea hat Bonbons gesammelt!«

»Und deshalb ziehst du dir den Rock vors Gesicht?«

»Da sind die Bonbons drin!«, piepste das Stimmchen hinter dem Rock. Und jetzt sah ich es auch, dass er mehr als gut gefüllt war.

»Lach nicht!«, fauchte Heike in meine Richtung. Und da sich die Bonbonexpertin Amelie während unserer Unterhaltung heimlich davongestohlen hatte, hielt ich den Stoffbeutel auf, in den Heike und Lea den Inhalt von Mias Hexenrock verfrachteten.

»Anscheinend hat ein Faschingsumzug doch mit dem Schleppen von schweren Gegenständen zu tun«, sagte ich, als der Stoffbeutel voll war, was mir einen wütenden Blick von Heike einbrachte.

»Sagt mal, ihr Süßen, habt ihr die ganze Zeit nur Süßigkeiten eingesammelt?«, fragte sie.

»Ja«, sagte Mia, und Lea nickte bestätigend. »Deshalb sind wir doch hier.«

»Wollt ihr nicht auch mal bei den Spielen mitmachen?«

»Nein«, sagte Mia, und beide schüttelten den Kopf. Ich ließ meiner frohen Laune freien Lauf und pfiff auf Heikes strafenden Blick. Oh, ja! Fasching ist eine sehr lustige Zeit! Das hätte ich nicht gedacht! Ich genoss Heikes Ratlosigkeit und fragte tollkühn: »Heißt das, ihr wollt weitersammeln?«

»Ja!« Zwei strahlende Gesichter blickten in meine Richtung und sahen nicht die eindeutige Geste ihrer Großtante, die mir pantomimisch zu verstehen geben wollte, dass ich eine tote Frau war.

»Die Stofftasche ist aber voll. Da passt nichts mehr hinein. Ihr könnt keine Bonbons mehr sammeln«, erklärte ich meinen aufmerksamen Zuhörerinnen.

Betretenes Schweigen.

»Meint ihr nicht auch, dass das genug Süßigkeiten für drei kleine Mädchen sind? Die anderen Kinder wollen auch welche haben.«

»Ich glaub' das sind genug«, meinte Mia nach einem fachmännischen Blick in den Beutel. Lea nickte und lächelte. Vom Nebentisch kam ein kleiner Junge herüber und sah sich staunend die Beute an.

»Ihr könntet dem Jonas ein paar Bonbons abgeben«, nutzte Heike die günstige Gelegenheit. Der Vorschlag wurde einstimmig angenommen, und der strahlende Jonas bekam ein paar Kinderhandvoll Bonbons in seine Ritterkopfbedeckung.

»Als was gehen Sie?«, frage er mich.

»Sie ist eine Fransenbeamtin! Das ist etwas ganz Feines!«, erklärte ihm Lea stolz.

»Toll!« Und sichtlich beeindruckt ging er zurück zu seiner Mutter, um ihr die Gabe der Hexen zu präsentieren.

Auf der Heimfahrt wurde in den Kindersitzen auf der Rückbank einstimmig Amelies Vorschlag angenommen, im nächsten Jahr als Prinzessinnen zu gehen. Dass bei der Diskussion entgegen der Abmachung die Münder ganz offensichtlich nicht leer waren, wurde von Heike geflissentlich überhört. Wir lieferten die kleinen Hexen zusammen mit dem Kindertransportmittel bei ihren Eltern ab, und ich überreichte dem verdutzten Vater den Stoffbeutel mit den Bonbons. Wir wollten die Schrecksekunde ausnutzen und uns verdrücken, aber Mütter von dreieinhalb Kindern sollte man niemals unterschätzen.

»Handtaschen auf!«, erklang es beinahe im Befehlston hinter uns, als wir Heikes Auto fast erreicht hatten.

»Hilfe. Überfall«, flüsterte ich.

»Mist. Wer hätte gedacht, dass die mit dem dicken Bauch noch so fix ist«, antwortet Heike ebenso leise. Ich war froh, dass ich die Mode der übergroßen Handtaschen nicht mitmachte. Denn Julia füllte mein kleines Exemplar bis zum Rand mit Süßigkeiten.

Das Gesicht des gutmütigen Göttergatten beim Anblick meines Tascheninhalts war mindestens fünf Euro wert. »Na, was habt ihr heute getrieben?«

»Wir waren mit Heikes Großnichten auf dem Kinderfasching.«

»Als was bist du gegangen?«

»Als Fransenbeamtin.«

»Muss ich das verstehen?«

»Nein. Möchtest du was von den Süßigkeiten, oder soll ich sie gleich entsorgen? Sie wurden vom Boden aufgesammelt.«

»Drinnen oder draußen?«

»Drinnen.«

»Zeig mal her. Sie sind ja eingepackt. Hmmm. Gummibärchen!«

»Stimmt. Hab' ich gar nicht gesehen. Es ist nicht alles schlecht an Fasching. Aber die Schokolade esse ich lieber nicht, ich verwöhntes Gör.«

»Ha! Mit den Bonbons haben wir früher immer Sorte-Raten gespielt.«

»Heike auch. Nur ich kenn' das Spiel mal wieder nicht.«

»Ich fang an.« Er schloss die Augen, packte ein Bonbon aus und steckte es in den Mund. »Hm.«

»Na?«

»Orange? Nein, Mist, Kirsche! Fürchterliches Zeug!«

»Willst du wirklich weiterspielen?

»Nein. Oh! Verdammt!«

»Was ist?«

»Ich habe mir mit dem bescheuerten Kaubonbon ein Goldinlay rausgezogen.«

Ich startete den Computer und sah nach, welcher Zahnarzt Notdienst hatte, während der gutmütige Göttergatte sich die Zähne und das Inlay putzte. Separat. Das hat man davon, wenn man die Geschenke der Hexen nicht zu würdigen weiß.

Traditionelle Tänze

Als ich nach Hause kam, fand ich im Briefkasten eine Benachrichtigung des Paketboten, der nebenan eine Sendung für mich abgegeben hatte. Ich klingelte bei Heike, und sie öffnete mir in einem grellroten Kleid die Tür, das üppig mit schwarzen Volants besetzt und vorne etwas kürzer als hinten war.

»Ach, trägt man jetzt bei Partykleidern Vokuhila?«, fragte ich sie verblüfft und vergaß ganz, sie zu begrüßen. Krampfhaft dachte ich nach, welchen wichtigen Tag im Kalender der unternehmungslustigen Mitmenschen ich nun schon wieder übersehen hatte, denn Fasching war lange vorbei, und Halloween war erst im Herbst. Irgendwann. Ende Oktober? Oder Anfang November? Oder beides?

»Das ist mein Flamencokleid!«, antwortete Heike vorwurfsvoll.

»Gehst du auf eine Kostümparty?« Mir war sofort klar, dass die Sache irgendeinen Haken haben musste, aber da war mir die Frage bereits herausgerutscht. Manchmal ist das schweigsame Lächeln, das der gutmütige Göttergatte in solchen Situationen gerne einsetzt, einfach die bessere Taktik.

»Wie kommst du den darauf? Fasching ist doch längst vorbei, und Halloween kommt erst im Herbst. Nein, ...«

Also war ich zufällig tatsächlich einmal auf dem neuesten Stand.

»... ich mache einen Flamencokurs. Und damit wir das richtige Gefühl für den Tanz bekommen, tragen wir die passenden Kleider!«

Von »passend« konnte keine Rede sein. Das Teil saß recht stramm an den Hüften, aber diesmal war ich auf der Hut und lächelte nur – wie ich hoffte – aufmunternd und vertrauenerweckend. Es wirkte!

»Flamenco gibt mir ein völlig neues Gefühl von Freiheit. Man tanzt für sich allein und folgt nur seinem eigenen Rhythmus ...«

Das meinte sie hoffentlich nicht wortwörtlich!

»... und den Vibrationen, die einem die Musik eingibt.«

Ah, wusste ich es doch: Der Rhythmus wurde von der Musik eingegeben, und man bildete sich nur ein, man habe selbst die Kontrolle. Hoffentlich!

»Das wäre auch etwas für dich!«

Wie bitte? Lächeln war hier wirklich nicht mehr ratsam! Ein Verzicht auf Widerspruch hatte mich bereits mehrmals in unangenehme Situationen gebracht. Wenn im Kurs noch Plätze frei waren, war ich geliefert.

»Leider sind keine Plätze mehr frei. Es werden nur noch ein paar Männer gesucht ...«

Uff! Noch einmal davongekommen! Jetzt galt es, den gutmütigen Göttergatten vor aller Unbill zu beschützen!

»Deine bessere Hälfte wäre nicht interessiert?«

»Ach, du weißt doch, wie er ist ...« Diese subtile Forderung nach weiblicher Solidarität war stets ein gutes Mittel, die Aufmerksamkeit auf etwas zu lenken, was definitiv nicht zu ändern war. Gleichzeitig verkniff ich mir mit großer Anstrengung ein fieses Grinsen bei dem Gedanken an den gutmütigen Göttergatten in voller Montur beim Flamencotanzen.

»Ja, Manfred will auch nicht mitkommen! Aber das bin ich ja gewöhnt, dass er nie etwas mit mir unternehmen möchte. Ständig will er, dass ich mit ihm nach München aufs Oktoberfest fahre. Dort ist es aber viel zu laut, um sich zu unterhalten!«

Vielleicht wollte er genau deshalb dort etwas mit ihr unternehmen? »Kann man da auch tanzen?«, fragte ich, um irgendwie vom Thema abzulenken.

»Ich weiß es nicht. Trinkt man dort nicht einfach nur Bier und isst komische Sachen?«

»Ich weiß es nicht. Aber es gibt doch auch in Deutschland traditionelle Tänze.«

»Du meinst Trachtentänze?«

»Ja, irgendetwas in der Art. Willst du immer weiter schweifen? Sieh, das Gute liegt so nah.«

Sie sah mich etwas misstrauisch an, und ich gab mir Mühe ernst zu bleiben.

»Gibt es hier Trachtengruppen?«, fragte sie nach einer kurzen Denkpause.

»In Nordbaden wohl eher nicht, aber auf dem Oktoberfest in München ganz bestimmt!«

»Und was tanzt man da so?«

»Schuhplattler!« Ich versuchte, ihren typischen, optimistischen Gesichtsausdruck zu imitieren, mit dem sie mich ständig zu irgendwelchem Blödsinn überredete. Und ich hatte den Eindruck, dass es mir auf Anhieb gelang, denn sie sah recht nachdenklich drein – ein Gesichtsausdruck, der kaum zu ihrem temperamentvollen Outfit passte, aber das tat ihre dunkelblonde Kurzhaarfrisur auch nicht.

»Manfred hatte früher mal eine schwarze Lederhose. Wenn ich da die Beine abschneide, die Oberfläche etwas anraue und bunte Hosenträger kaufe, wäre das ein kostengünstiger Anfang.«

Als mir klar wurde, dass sie ein anderes Opfer gefunden hatte, nickte ich ernsthaft mit dem Kopf und schlug vor: »Aus den abgeschnittenen Beinen kannst du einen Steg nähen, mit dem du die beiden Hosenträgergurte auf Brusthöhe verbinden kannst. Es gibt da so Edelweiß- und Enzianbildchen zum Aufbügeln.«

Ihre Augen glänzten. »Und was machen die Frauen, während die Männer schuhplatteln?«

»Ich glaube, die drehen sich im Kreis und schauen sich im Festsaal gründlich um.«

»Das ist gar nicht schlecht! Da behält man den Überblick, und es ist auch besser für die Kniegelenke. Nach dem Flamencokurs tun die mir immer so weh!«

»Und das Outfit passt auch besser zu deinem Teint und deiner Haarfarbe«, wagte ich mit einem Blick auf das an ihr wie eine billige Verkleidung wirkende Kleid anzumerken, das sie um drei Kleidergrößen breiter wirken ließ.

»Warum heißt der Schuhplattler eigentlich so? Man klatscht sich doch genau genommen an die Waden und nicht auf die Schuhe! Oder?«

»Damit sind nicht die Schuhe gemeint. *Schuh* ist ein mittelhochdeutscher Abwehrlaut, den man heutzutage nur noch in der englischen Sprache findet.«

Heike blickte mich mit großen Augen an, was mich noch mehr anspornte. In dozierendem Tonfall fuhr ich fort: »Mit *Shoo* vertreibt man lästige Tiere oder Menschen. Es bedeutet so viel wie *Kusch*.«

»Und wen oder was will man mit dem Schuhplattler vertreiben?«

»Die Stechmücken!«, antwortete ich, ohne lange nachzudenken. »Man ruft: Shoo, oder ich mach' dich platt! Und dann schlägt man wie wild nach den Mücken, die auf den Beinen sitzen bleiben und nicht rechtzeitig das Weite suchen.«

Heike sah mich mit großen Augen an und schwankte irgendwie ein wenig.

»Geht es dir nicht gut?«, fragte ich sie ehrlich besorgt.

»Ich weiß nicht. Vielleicht habe ich den Sekt vorhin nicht so richtig vertragen oder hätte vorher mehr essen sollen. Ich werde auch gleich abgeholt.«

Ich verabschiedete mich schleunigst, weil ich sie nicht länger aufhalten wollte. Außerdem war ich mir nicht sicher, wie lange ich den ernsten Gesichtsausdruck noch durchhalten konnte. Als ich vor unserer Tür stand, fiel mir siedend heiß ein, warum ich ursprünglich zu ihr hinübergegangen war. Mein Paket hatte ich ganz vergessen! Ich beschloss, später, wenn sie weg war, noch einmal nach drüben zu gehen, denn ein bisschen schämte ich mich inzwischen für den Bären, den ich ihr aufgebunden hatte. Grinsend stellte ich mir vor, wie Heike sind im Dirndl im Kreis dreht, während Manfred zähneknirschend in der Gegend herumschuhplattelt und sich fragt, wessen saublöde Idee das gewesen war. Aber so recht glauben konnte ich es nicht. Hatte am Ende sie mich verkohlt? War sie nur zum Schein auf meinen Blödsinn eingegangen und heckte nun etwas Neues aus?

Beinahe hätte ich das Paket dann total vergessen, aber ich sah den Zettel auf dem Schuhschrank liegen und ging noch einmal nach drüben. Manfred begrüßte mich mit den Worten: »Hast du ihr den Flamenco ausgeredet?«

Mit hochrotem Kopf antwortete ich kleinlaut: »Ja ...«

»Mensch! Das vergesse ich dir nie!« Er sah dabei aber gar nicht rachsüchtig aus, sondern fröhlich – fast dankbar. Was hatten die bloß gemeinsam ausgeheckt?

»Ich musste sie vorhin aus diesem verdammten Kurs abholen, weil sie mittendrin zusammengeklappt war.«

Ich war geschockt – und verwirrt. Hatte ich vorhin übersehen, dass sie krank war? Und warum wirkte ihr Mann so zufrieden?

»Dieser Flamencokurs war die blöde Idee ihrer Cousine! Das doofe Stück überredet sie andauernd zu irgendetwas, das sie weder braucht noch will.«

Voller Mitleid nickte ich. Ja, das kannte ich auch!

»Jedes Mal vor diesem Kurs trank sich Heike Mut an. Mir war das gar nicht recht! Wie schnell wird man zum Alkoholiker! Bei meiner Oma fanden wir bei der Haushaltsauflösung kistenweise leere Melissengeistflaschen! Und wir hatten davon keine Ahnung! Ich sprach mit Heike darüber, aber sie meinte immer nur, dass die zwei Gläser Sekt nicht schlimm seien. Heute waren es aber wohl mehr als zwei, und sie kippte jedenfalls aus den Latschen, weil sie den ganzen Tag nichts gegessen hatte. Sie wollte unbedingt in das alberne Kleid passen. Vorhin versprach sie mir, dass sie mit dem Kurs aufhört, weil du ihr von etwas viel Besserem erzählt hast. Ich habe es nicht so ganz verstanden. Sie redete von Mücken und Edelweiß, aber egal, was es ist: Alles ist besser als Flamenco! Und irgendwas in der freien Natur wäre auch viel gesünder für sie. Das war echt anständig von dir!«

»Oh, bitte! Gern geschehen!«

Er reichte mir mein Paket, und auf dem Rückweg dachte ich über eine plausible Ausrede nach, die ich ihr am nächsten Tag auftischen konnte, falls sie herüberkommen und mich fragen wollte, ob ich noch ganz dicht sei. Shoo, oder ich mach dich platt? So ein Quatsch! Und ich war sogar nüchtern gewesen, als ich mir das ausgedacht hatte. Erschreckend!

Spam-Sülze

Normalerweise lösche ich Spam-E-Mails, ohne sie wirklich zu lesen, aber diesmal war alles irgendwie anders. War es der Betreff *Vakanzzuordnung*? Oder irritierte mich der Punkt hinter der Anrede *Sehr geehrter Herr.*? Fühlte ich mich geschmeichelt, weil ein *Direktor für Arbeitskräfte und Soziale Politik* sich persönlich die Zeit genommen hatte, mich und noch zigtausend andere brave Bürger mit Spam vollzumüllen? Vielleicht hatte ich auch einfach zu viel Weißtee getrunken. Wir werden es nie erfahren.

Der Inhalt der *Vakanzzuordnung* lautete:
»Sehr geehrter Herr.
Diese Nachricht wurde an Sie geschickt, weil Sie ein geschätzter Bewerber um die Stelle von einem Obermanager in unserer Internet-Gesellschaft sind. Unser aktuelles Angebot an Sie schließt einen flexiblen Arbeitsplan, Krankenversicherung, ein Bruttogehalt von $50000 (Fünfzigtausend Dollar), einen jährlichen Urlaub für zwei Wochen ein.
Wenn Sie dieses Stellenangebot annehmen möchten, bitte, füllen Sie einen Fragebogen aus *(Hier folgte ein Link. Ein Satzzeichen sparte man sich jedoch.)*
Achtungsvoll
Direktor für Arbeitskräfte und Soziale Politik
Franz Adrian«

Da ich den Sinn der Aktion nicht sofort begriff, denn schließlich hatte ich mich nirgends beworben, dachte ich spontan an eine Geheimbotschaft. Die Tatsache, dass man, wenn man jedes siebte Wort herausnahm und zu einem Satz zusammenfügte, die Aussage »An Bewerber in Angebot Krankenversicherung einen Wenn füllen für.« erhielt, bestärkte mich in meinem Verdacht. Das ergab wenigstens einen Sinn! Ich musste nur noch herausfinden, was ein Wenn war, damit ich beginnen konnte, ihn zu füllen für. Ich nahm noch einen großen Schluck Weißtee und dachte angestrengt nach. Aber erst der Blick auf die Uhr, die Erkenntnis, dass ich versehentlich eine Mahlzeit ausfallen gelassen hatte, und ein ausgiebiges Abendessen brachten mir die Antwort: Alles Quatsch!

Mich stimmte das Angebot trotzdem sehr nachdenklich, obwohl es aus zwei Gründen für mich nicht infrage kam: Erstens war es nicht ernst gemeint, und zweitens wären mir zwei Wochen Jahresurlaub definitiv zu wenig. Aber die Herangehensweise imponierte mir. Da wurde nicht lange die Zielgruppe analysiert und eingegrenzt. Nein, der Blödsinn wurde einfach an alle Männer geschickt! Auch an die, die gar keine waren. Egal! Schließlich war ich selbst schuld, dass meine E-Mail-Adresse so maskulin wirkte. Ich hätte mich schließlich auch *Pink.Lollipop* oder *Emerald.Chameleon* nennen können. Nun ... Vielleicht hätte man mich dann aber trotzdem für einen Mann gehalten. Wer weiß?

Eine Woche später erhielt ich fast dieselbe E-Mail noch einmal. Aus den fünfzigtausend Dollar waren vierzigtausend Euro geworden. Und auch der Direktor für Arbeitskräfte und Soziale Politik hatte gewechselt, was selbstverständlich auch eine neue Absenderadresse nach sich zog. Jedoch nicht die Frage, warum in einer so tollen Firma eine so starke Fluktuation herrscht, beschäftigte mich, sondern der Wunsch, es ihnen gleichzutun.

Ich setzte mich hin und entwarf folgenden Text:

"Betreff: Penetranzzuordnung
Sehr geehrtes Wesen mit undefinierbarem Geschlecht,
diese Nachricht wurde an Sie geschickt, weil Sie unvorsichtigerweise Ihre E-Mail-Adresse jedem Hanswurst verrieten und ein geschätzter Bewerber um die Stelle eines Oberbuchlesers in unserer Selfpublisher-Autoren-Gesellschaft sind. Ihnen ist wahrscheinlich gar nicht klar, was Sie sich damit eingebrockt haben. Unser aktuelles Angebot an Sie schließt eine alberne Satire, einen Gedichtband mit Limericks, eine humoristische Anthologie und eine Sammlung von Satiren ein.
Wenn Sie dieses Angebot annehmen möchten, lassen Sie einfach die Kohle in den nächstbesten Buchladen hinüberwachsen. Ich kaufe mir anschließend von der Autorenmarge ein Päckchen Zahnpflegekaugummis.
Verachtungsvoll
Direktorin für Arbeitspausen und sinnlose Polemik
Emerald Chameleon«

Ich besorgte mir eine zusätzliche E-Mail-Adresse und verschicke von dort aus seither jedes Mal, wenn ich an meine normalen Adressen Spam geschickt bekomme, diesen Text an den Absender. Frühere Spam-Absender setze ich auf CC. Ich hoffe, dass sich mit der Zeit daraus ein neues Netzwerk entwickelt. Und wenn nicht, schadet es nicht.

Der Armreif

Am Freitag trug ich aus einer Laune heraus einen Armreif aus Kupfer, den mir meine Tante Greta vor einem Vierteljahrhundert einmal zum Geburtstag geschenkt hatte. All die Jahre hatte er unberührt in einem Kästchen mit Modeschmuck gelegen, und erst letzten Donnerstag fiel mir auf, dass er hervorragend zu der schwarzen Bluse mit dem Paisley-Muster in dezenten Farben passte. Die beiden Magnete, die an ihm befestigt waren, brachten mich zum Schmunzeln. Meine Tante Greta! Sie hatte an allen möglichen Zauber geglaubt.

Auf dem Weg zu Agnes' Wohnung versuchte ich verzweifelt, mich daran zu erinnern, wozu dieses Ding gut sein sollte. Hielt es angeblich Erdstrahlen ab? Stärkte es das Immunsystem? Oder sollte es eine Kombination aus beidem sein? Hielt ein durch Kupfer gestärktes Immunsystem die Erdstrahlen in Schach?

»Du strahlst so! Gibt's was Neues?«, begrüßte sie mich an der Tür.

»Hallo! Danke für die Einladung!« Ich überreichte ihr eine kleine Schachtel Konfekt. »Nein, eigentlich nicht. Ich überlege nur die ganze Zeit, was es mit diesem Armreif auf sich haben soll, den mir eine Tante einmal vor vielen Jahren schenkte.«

»Oh, ein Kupferarmreif! Hat er zwei Magnete, mit denen man Wasseradern spüren kann?«

»Er hat Magnete, aber ob die eine Wünschelrute ersetzen können, weiß ich nicht.«

Ich folgte ihr in die gemütliche Wohnküche und setzte mich an den geschmackvoll gedeckten Tisch, während Agnes den Tee aufbrühte. Das Gebäck sah verlockend aus.

»Eine Freundin hatte mal so einen Reif. Sie warf ihn nach ein paar Monaten weg, weil er sie wahnsinnig machte«, erzählte sie, als sie mir einschenkte.

»Ja? Warum? War sie gegen Kupfer allergisch?«

»Nein, aber wenn sie den Reif trug, bekam sie in der Nähe von Fremdgehern einen kleinen Stromschlag. Als ihr Chef eine Affäre mit einer Sachbearbeiterin aus der Lohnbuchhaltung anfing, litt meine Freundin im Büro permanent an Migräne und einem Kribbeln am Handgelenk. Es dauerte lange, bis sie dahinterkam, dass der Armreif schuld war. Sie trug ihn eigentlich wegen der Wasseradern unter der Kantine. Sie wollte sich damit in der Mittagspause einen wasseraderfreien Tisch suchen. Oder sollte das Ding die Wasserader neutralisieren? Egal! Ihr Exemplar war jedenfalls irgendwie kaputt. Du glaubst mir nicht.«

Leider konnte man es meinem Gesicht immer allzu leicht ansehen, wenn ich starke Zweifel hatte. »Bist du dir sicher, dass sie sich das nicht einfach nur eingebildet hat? Vielleicht litt sie psychisch darunter, dass ihr Chef heimlich eine Freundin hatte.«

»Sie wusste zu Anfang gar nichts davon. Sie reimte es sich erst später zusammen.«

»Ich glaube auch nicht an Wasseradern.«

»Warum trägst du ihn dann?«

»Weil ich ihn hübsch finde. Und er passt ganz gut zu dieser Bluse. Ich glaube, ich habe ihn noch nie getragen.«

Die Kekse schmeckten hervorragend, und ich bat Agnes um das Rezept. Ich half ihr nach dem Tee, den Tisch abzuräumen. Als ich die Milch in den Kühlschrank stellen wollte, bekam ich an seinem Griff ordentlich einen gewischt. »Ich glaube, dein Kühlschrank geht fremd, und mein Armreif schlägt an!«, rief ich lachend und rieb mir das schmerzende Handgelenk. Es war merkwürdig: Nicht die Finger taten weh, sondern die Haut unter den zwei Magneten.

Agnes sah mich erschrocken an. »Lass mich mal!« Sie tippte vorsichtig mit dem Finger gegen den Griff der Kühlschranktür, aber nichts geschah. »Der ist nämlich neu«, erläuterte sie erleichtert. »Für einen Moment dachte ich, die Typen, die ihn mir letzte Woche lieferten, haben ihn beim Aufstellen unter Strom gesetzt.«

»Die müssen eigentlich nur den Stecker reinstecken! Das ist doch nicht wie beim Elektroherd.«

»Ja, natürlich. Aber du hättest sehen sollen, wie die sich anstellten! Im Hausflur kannst du zwei Macken in der Tapete bewundern. Denen traue ich wirklich alles zu!«

Ich versuchte ein zweites Mal, den Kühlschrank zu öffnen, und bekam wieder einen kleinen Stromschlag von meinem Armreif. Ich nahm ihn ohne lange nachzudenken ab, legte ihn auf die Arbeitsplatte und startete einen dritten Versuch. Ich berührte den Griff. Nichts! Ich öffnete den Kühlschrank, stellte die Milch hinein und schloss ihn wieder. Agnes legte den Armreif an, berührte den Kühlschrankgriff und rief überrascht: »Autsch!« Wir sahen uns erschrocken in die Augen.

»Das gibt es doch nicht!«, flüsterte ich.

»Habe ich eine Wasserader unter der Küche?«

»Im dritten Stock? Haben die in der Wohnung unter dir einen Wasserrohrbruch? Ich glaube nicht an solche Sachen!«

»Ich rufe Erika an!« Sie ging zum Telefon und sprach lange mit einer Bekannten, während ich überlegte, wer Erika war, und ob ich ihr auf einer dieser vielen Veranstaltungen, zu denen mich Agnes so gerne einlud, schon einmal begegnet war. Agnes war bei solchen Dingen immer recht schnell eingeschnappt und warf mir gerne vor, mich nicht genug für Menschen zu interessieren. Ich konnte mich aber lediglich nicht so leicht an Namen erinnern. Gesichter waren nie ein Problem. Für mich wäre es leichter, wenn sie mir nicht alle möglichen Namen vor den Latz knallen, sondern mit einem Zeigestock auf der Foto-Collage an ihrer Küchenwand auf die entsprechenden Gesichter deuten würde.

»Den Kühlschrank habe ich auf Pump gekauft«, gestand sie mir zerknirscht, nachdem sie das Telefonat beendet hatte.

Ihr Vertrauen schmeichelte mir. »Und das hast du erst jetzt von Erika erfahren?«, fragte ich reichlich verwirrt.

»Blödsinn! Nein, sie hat vor Jahren von einem Magnetarmband gehört, das wie bei meiner Freundin eine Fehlfunktion hatte. Es schlug aber nicht bei Fremdgehern an, sondern bei Gegenständen, die auf Kredit gekauft waren.«

»Du scherzt!«

»Probier's aus, wenn du mir nicht glaubst! Meine Nachbarin hat ein neues Auto. Gehen wir einfach mal runter in die Tiefgarage.«

Im Fahrstuhl spielte ich nervös mit meinem Armreif. Die ganze Sache war einfach zu abenteuerlich. Auch Agnes wirkte nachdenklich. Wir stiegen im Untergeschoss aus, und ich folgte ihr zu dem Auto, von dem sie mit Sicherheit wusste, dass er erst kürzlich per Ratenzahlung angeschafft worden war. Die Haut unter dem Reif begann bereits zu prickeln, als wir noch gar nicht direkt vor dem Wagen standen. Ich versuchte mir einzureden, das komme davon, weil ich im Aufzug damit gespielt und dadurch womöglich Nerven gereizt hatte. Aber das Gefühl verstärkte sich in der Nähe des Autos zu einem unangenehmen Ziepen, und als ich vorsichtig die Motorhaube berührte, bekam ich von den Magneten wieder einen Schlag verpasst, der mir regelrecht Angst einjagte. In wilder Panik warf ich das verhexte Schmuckstück auf den Boden. Agnes hob es wortlos auf und fuhr mit dem Finger vorsichtig über die Magnete. »Es prickelt ganz schön heftig!« Ihr Gesicht war kreidebleich. Sie ging von Wagen zu Wagen und berührte jedes Mal einen der Magnete. Ich folgte ihr und wagte nicht zu sprechen. Das Tor öffnete sich, und ein Porsche fuhr an uns vorbei. »Aua!« Agnes ließ den Armreif fallen. Diesmal hob ich ihn vorsichtig auf und achtete darauf, die beiden Magnete nicht zu berühren. Dennoch bekam ich starke Kopfschmerzen, als wir auf dem Weg zum Fahrstuhl an dem Porsche vorbeikamen, der nach mühsamem Rangieren schräg auf seinem Platz stand. Der Fahrer stieg aus und half seiner aufgedonnerten Begleiterin erst aus dem Auto und dann in ihren Pelzmantel, den er mühsam hinter den Sitzen hervorholte. Während ich mich noch fragte, wie wohl die elegante Bezeichnung für dieses Dingens, das man nicht guten Gewissens *Rückbank* nennen konnte, lautete, ging er, ohne unseren Gruß zu erwidern, an uns vorbei. Sie nickte uns zumindest hochmütig zu, als sie hinter ihm herstöckelte. Agnes blieb stehen und beugte sich zu ihren Schuhen, als wolle sie einen Schnürsenkel neu binden, aber sie trug Pumps. »Ich will mit denen nicht in den Fahrstuhl«, flüsterte sie, was ich durchaus verstehen konnte. Ich wollte das auch auf keinen Fall, denn der Schmerz, der mich durchfahren hatte, als die Pelzträgerin an mir vorbeigekommen war, war nicht von schlechten Eltern gewesen. Ich konnte nicht mehr klar denken. Mir war alles egal. Ich steckte den Armreif vorsichtig in meine Handtasche und überlegte fieberhaft, wie ich das Ding nur entsorgen könnte, ohne unschuldige Menschen zu gefährden. Agnes sah mich nachdenklich an und konnte anscheinend mal wieder in meinem Gesicht lesen wie in dem

Tagebuch eines mitteilsamen Teenagers. Wir fuhren schweigend mit dem Fahrstuhl wieder nach oben. Auf dem Weg zu ihrer Wohnung kamen wir an einer Wohnungstür vorbei, und plötzlich spürte ich, wie die Handtasche vibrierte. Mein Kopf vibrierte und schmerzte mit. Ich war einer Ohnmacht nahe! »Agnes«, krächzte ich kaum hörbar, da mir vor Panik die Stimme wegblieb. »Schau doch, Agnes.«

Sie hatte mich dennoch gehört und blickte verzweifelt und mit schmerzverzerrtem Gesicht auf meine Handtasche, die sichtbar erzitterte. »Dort wohnt der Typ, der vorhin an uns vorbeiging! Der kauft wohl alles auf Pump!«, flüsterte sie mit vor Schreck geweiteten Augen. Sie packte mich am Arm, zerrte mich von der Tür weg und schloss nebenan ihre eigene auf. Wir setzten uns erst einmal auf die Couch und warteten, bis wir wieder klar denken konnten.

»Eigentlich ist es lustig, dass ich jetzt weiß, wie der sich das alles leisten kann.« Agnes begann zu kichern. »Auf den Miteigentümerversammlungen geht er uns allen immer so auf den Geist mit seiner Wichtigtuerei. Irgendwie schafft er es stets, bei all seinen zahlreichen und meist völlig überflüssigen Wortmeldungen etwas einfließen zu lassen, das Neid erregen soll. Dabei ist keiner von uns neidisch. Nur genervt!«

»Wie macht man denn das?«

»Na, als wir zum Beispiel darüber sprachen, die Namensschilder an der Haustür einheitlich zu gestalten, schlug er ein ganz tolles Design vor, dass er auf einer Reise nach Dubai gesehen haben will. Solchen Blödsinn eben. Beschreiben konnte er das Design dabei nicht einmal. Zumindest wurde ich aus seinem weitschweifigen Gefasel nicht schlau.«

»Stell dir mal vor, der hätte an meiner Stelle diesen Armreif geschenkt bekommen.« Ich musste ebenfalls kichern.

»Mensch, Monika!« Agnes war wie elektrisiert. »Du brauchst doch diesen Armreif nicht mehr, oder?«

»Nein! Wirklich nicht! Ich habe eben darüber nachgedacht, wie ich ihn entsorge, ohne jemandem zu schaden.«

»Oder du entsorgst ihn an einer Stelle, an der du jemandem schadest, der es verdient.«

»Du meinst ...«

»Er feiert im Sommer häufig unter der Woche laute Partys auf seinem Balkon. Wir haben echt schon überlegt, mal die Polizei zu rufen, aber man macht es ja dann doch nicht und ärgert sich bloß bis nachts um drei.«

»Bis um drei?« Mein Entschluss stand fest. Ich öffnete die Balkontür und schaute vorsichtig hinüber zum Nachbarbalkon. Agnes folgte mir. Ihre Blässe war einer sanften Röte gewichen, und ihre Augen blitzten unternehmungslustig. »Wir könnten den Armreif in einen seiner albernen Pflanzkübel stecken, aber wie bugsieren wir ihn von unserem Balkon zu seinem?«

»Wir könnten ihn auf die Borsten eines Besens legen. Also den Reif – nicht den schlechten Einparker.«

»Au ja!«

»Aber was machen wir, wenn er plötzlich auftaucht?«, fragte ich ängstlich.

»Wenn wir es jetzt gleich machen, kommt er bestimmt nicht.« Agnes grinste anzüglich und fügte – auf den ersten Blick grammatikalisch inkorrekt – hinzu: »Zumindest nicht auf dem Balkon. Wobei sie sowas tatsächlich einmal gebracht haben in einer warmen Sommernacht. Ich war damals kurz davor, einen Eimer Wasser rüberzuschütten. Die Tussi quiekt wie ein Ferkel, wenn sie in Fahrt kommt.«

Zwischen den Balkonen war eine Lücke von etwa eineinhalb Metern. Er hatte – wahrscheinlich als Sichtschutz – ein paar Pflanzkübel mit merkwürdigem Gesträuch an der Seite stehen. Agnes legte den Reif auf die Borsten eines Schrubbers und manövrierte ihn vorsichtig in einen der Kübel. Zumindest nahmen wir an, dass er dort gelandet war, denn sie standen dicht an dicht, und er war auf jeden Fall hinter das Geländer gefallen. Mehr konnten wir natürlich nicht sehen.

Drinnen im Wohnzimmer öffnete Agnes einen Pikkolo. Wir stießen auf die gelungene Aktion an und malten uns aus, wie in Zukunft die Abendgesellschaft von kollektiven Kopfschmerzen heimgesucht wird, wenn sie auf den verschnörkelten, über einen Kleinkredit finanzierten Gartenmöbeln aus Gusseisen Platz nehmen, und wie sie die Ursache womöglich heimlich im Essen oder im Wein vermuten.

Plötzlich klingelte der Wecker, und ich fragte mich schlaftrunken, wie ich auf so einen merkwürdigen Traum kommen konnte. Denn ich besaß weder einen Kupferarmreif noch eine Tante Greta.

Bewegungsbewegung

Gestern Morgen hätte ich Heike fast nicht erkannt, als sie ganz in Gedanken versunken vor dem Schaufenster der einzigen Modeboutique im Dorf stand. Ich wäre glatt grußlos an ihr vorbeigegangen, aber dann kam mir das Gesicht, das sich in der Scheibe spiegelte, bekannt vor, obwohl das lebhafte Strahlen und die Bewegung des Mundes fehlten.

»Du kannst reingehen. Es ist offen!« Hach, tat das gut, zur Abwechslung mal sie bei etwas Nutzlosem zu ertappen – anstatt selbst erwischt zu werden.

Und sie zuckte auch ordentlich zusammen. »Ach, ich überlege nur, ob ich mir eine neue Jeans kaufen soll.«

»Hier? Ich dachte, hier findet nur die moderne Frau ab siebzig alles, was ihr Herz begehrt.«

»Nein, natürlich nicht hier! Ich überlege ja nur. Oh, Himmel, ich glaube, die Verkäuferin kommt raus. Schnell!« Sie packte mich am Arm und zog mich flotten Schrittes in Richtung Bäckerei. Dass ich gerade von dort gekommen war, schien sie nicht zu stören.

»Ich sah diese Hose aus Polyesterwirkware in Größe 56 und musste plötzlich an meine verstorbene Oma denken. Das Nilgrün hätte ihr bestimmt gefallen.«

»Und jetzt willst du dir ebenfalls eine nilgrüne Hose aus Poly...«

»Nein! Quatsch!«, unterbrach sie mich, ließ meinen Arm los und stieß mir stattdessen ihren Ellenbogen in die Rippen. »Ich musste nur plötzlich an ihren dicken Hintern denken, den wir als kleine Kinder immer direkt vor unserer Nase hatten, wenn sie sich bückte. Und Größe 56 wirkt aus Kindersicht einfach riesig. Kennst du das auch, dass man ganz geschockt ist, wenn man Dinge aus seiner Kindheit nach vielen

Jahren plötzlich wiedersieht? Das Kinderfahrrad, auf dem man sich so groß und stark gefühlt hatte, ist auf einmal ganz winzig, und man passt nicht mal mehr mit einer Pobacke auf den Sattel.«

»Ja, stimmt! Der Sattel ist so schmal, dass er eher auf Nimmerwiedersehen zwischen den Backen verschwinden würde ...«

»Danke, so genau wollte ich mir das nicht ausmalen!«

»Und was haben die nilgrüne Polyesterhose und das Kinderfahrrad mit deinem Wunsch nach neuen Jeans zu tun?«

»Ich wollte es dir gerade erklären. Unterbrich mich eben nicht dauernd! Ich sah die Hose im Schaufenster und dachte an das ausladende Hinterquartier meiner Oma. Und dann fiel mir wieder ein, dass der Knopf meiner schwarzen Jeans nicht mehr zugeht. Ich wollte sie nämlich heute anziehen, und es war nichts zu machen.«

Ich blickte auf die schwarzen Jeans, die sie trug, und meine Fantasie überschlug sich. »Und wie schaffst du es, dass die Hose nicht rutscht?«

»Ach, die hier? Nein, die geht zu. Die ist erst zwei Jahre alt und hat einen Stretchanteil. Ich spreche von meiner Messjeans.«

»Messjeans? Gehst du damit sonntags zur Messe?«

»Ich bin evangelisch! Mit meiner Messjeans messe ich, ob ich zugenommen habe. Wenn ich in die nicht mehr reinpasse, dann muss ich was unternehmen!«

»Neue Messjeans kaufen?«

»Ja«, flüsterte sie kleinlaut. »Daran habe ich heimlich gedacht. Aber dann sah ich die nilgrüne Hose.«

»Von 56 bist du doch aber noch Lichtjahre entfernt!«

»Wehret den Anfängen! Mogeln gilt nicht! Wenn ich mir alle drei Jahre eine neue Messjeans kaufe, dann bin ich irgendwann auch bei Größe 56. Und das Schlimme ist, dass ich es dann gar nicht mehr merken werde, wie fürchterlich gigantisch so ein Hintern auf meine kleinen Enkel wirken wird.«

»Du könntest auch hinten die Naht auftrennen und einen Keil einnähen.«

Aber sie erkannte meinen subtilen Spott und strafte mich mit einem vernichtenden Blick. Inzwischen waren wir bei der Post angekommen, und sie warf einen Brief ein. »So! Wo musst du noch hin?«

»Nach Hause.«

»Warum läufst du dann in diese Richtung? Wir wohnen doch dort!« Und sie zeigte mir wie einer Grenzdebilen die Himmelsrichtung, die aber leider nur grob stimmte.

»Das ist eine lange Geschichte, die mit nilgrünen Kinderfahrrädern zu tun hat.«

Sie sah mich irritiert an und beschloss aber anscheinend, nicht nachzufragen. Schade, denn ich war gerade in der Stimmung, es auf die Spitze zu treiben. Wir gingen eine Weile schweigend nebeneinanderher, und ich begann, mir ernsthaft Sorgen um sie zu machen. Das Thema schien sie sehr zu bedrücken.

»Bist du eigentlich schon mal gejoggt?«, fragte sie mich urplötzlich.

»Nein. Warum?«

»Ich würde es gerne ausprobieren. Machst du mit?«

»Ich weiß nicht. So furchtbar sportlich bin ich nicht, obwohl ich gut zu Fuß bin. Tut es ein flotter Spaziergang nicht auch?«

»Da verbraucht man nicht genug Kalorien!«

Langsam schwante mir, dass es einen direkten Zusammenhang zwischen Hosen und Jogging geben musste. Ich schluckte den Vorschlag, eine Jogginghose als neue Messhose anzuschaffen, hinunter und suchte krampfhaft nach einer geeigneten Ausrede. Aber da ließ mich meine Fantasie leider im Stich.

»Machst du mit?«, hakte sie nach. »Dir würde ein bisschen Sport auch gut tun.«

Mir? Warum? Mein Hintern drohte nicht, sich in Richtung Nilpferd zu entwickeln, sodass man ihn demnächst farblich zu dessen Heimatgewässer passend einkleiden musste. Laut sagte ich: »Ich weiß nicht, ob ich das Joggen lange durchhalte. Wir könnten vielleicht mit Intervalltraining anfangen.«

»Intervall? Was ist das?«

»Naja, man joggt ein bisschen, und wenn man nicht mehr kann, geht man ...«

»... nach Hause. Warum nennt man das Intervall?«

»Nein, nicht nach Hause! Man geht dann ein Stück, und wenn man sich wieder besser fühlt, dann joggt man wieder. Eben abwechselnd joggen und gehen. Profis wechseln natürlich zwischen Sprints und Joggingphasen, aber das ist nichts für Anfänger.«

»Hm ... Sprinten wäre natürlich auch eine Möglichkeit, schnell abzunehmen.«

»Nimmt man denn beim Sport ab? Ich habe hinterher immer einen Riesenhunger und esse nach einem Spaziergang an der frischen Luft fast für zwei.«

»Das ist einfach eine Frage der Selbstdisziplin!«, dozierte Heike. »Ich werde nachher einen Diätplan und einen Trainingsplan aufstellen. Und morgen hole ich dich Punkt sieben zum Frühsport ab.«

»Nee! Niemals! Nein! Mein Kreislauf wird erst gegen zehn wach. Vorher bin ich zwar körperlich anwesend, diene aber lediglich als Negativbeispiel für Zimmerdekoration.«

Sie klingelte gegen elf und war ganz überrascht, als ich nur meine Turnschuhe und eine Jacke anzog. »Hast du keine Sportkleidung?«

»Das ist meine Sportkleidung. Bei meinem Tempo mache ich mich höchstens lächerlich, wenn ich mir den neusten Lauf-Firlefanz anziehe.«

»Ich kann aber keine Rücksicht auf dich nehmen, denn man muss unbedingt seine eigene Geschwindigkeit finden und einhalten. Ich kann ja zwischendurch warten, bis du mich eingeholt hast.«

»Super Idee! Ich will nämlich gar nicht joggen. Mir reicht ein flotter Spaziergang. Treffen wir uns an der Abzweigung zum Wald.«

»Okay! Bis gleich!« Sie hoppelte davon. Anders konnte man es nicht nennen. Warum hatte ich nicht daran gedacht, einen Fotoapparat mitzunehmen? Schon allein ihr komischer Dress hätte sich bei einer abendlichen, privaten Slideshow sehr gut gemacht. Und man kann solche Aufnahmen immer prima für runde Geburtstage gebrauchen. Auf diese merkwürdigen Laufröcke würde man bestimmt sehr bald mit Schaudern zurückblicken, wenn sie dann nicht gerade wieder in Mode sein würden. Ihre pink-schwarz-geringelten Stulpen waren bis vor Kurzem auch noch eine Lachnummer aus den 80ern gewesen, und nun waren sie wieder total in. Ich folgte ihr mit flottem Schritt und wunderte mich, dass der Abstand zwischen dem hin- und herschwingenden Pferdeschwanz und mir bereits nach kurzer Zeit wieder kleiner statt größer wurde. Ich hatte gerade meine gutmütigen fünf Minuten und verlangsamte mein Tempo ein bisschen. Aber als sie keuchend stehenblieb, sich vorbeugte und die Hände auf die Knie stützte, half auch das nicht mehr, und ich schlenderte gemütlich zu ihr. Ein »Na? Alles klar bei dir?« konnte ich mir leider nicht verkneifen.

»Lass das Grinsen!«

»Ich grinse doch gar nicht. Außerdem siehst du mich gar nicht an.«

»Du grinst innerlich!«

Das konnte ich natürlich nicht leugnen. »Geht's wieder?«, frage ich ein wenig besorgt.

»Ja. Ich glaube, ich kann wieder weiterlaufen.«

»Jetzt lass das doch! Wir machen einen flotten Spaziergang den Hügel hoch, und auf dem Rückweg kannst du wieder ein Stück joggen.«

Sie sah es ein, und bekam lediglich, als wir von ein paar älteren Nordic Walkerinnen überholt wurden, einen verkniffenen Zug um den Mund. Mich kränkte das auch ein wenig in meiner Ehre als Spaziergängerin, denn normalerweise pflegte ich sie zu überholen, was eigentlich auch kein Wunder war, weil ich mich nicht mit Stöcken abschleppen musste. Aber mit der völlig verausgabten Heike im Schlepptau ging es nur im Schneckentempo voran. Ich war heilfroh, als ich sie später einigermaßen unbeschadet zu ihrer Haustür gebracht hatte. Eine Kreislaufkollapspatientin hätte mir gerade noch gefehlt.

»Sehen wir uns morgen wieder zum Training?«, hauchte sie, als ich ihr den Schlüssel aus den zitternden Händen nahm und die Tür für sie aufschloss.

»Jetzt erhol dich erst mal. Morgen sehen wir weiter. Bei Muskelkater sollte man besser pausieren.«

»Vielleicht ist meine Messjeans auch einfach nur über die Jahre etwas eingegangen.«

»Stimmt. Nach so vielen Wäschen kann das leicht passieren.«

Eigentlich bin ich gar nicht so gehässig, wie ich immer meine. Denn sonst hätte ich Heike erzählt, dass mir ein Paar zwanzig Jahre alte Jeans noch immer passen, obwohl ich in der Zwischenzeit drei Kilogramm zugenommen habe. Sie sind mit der Zeit nur immer weiter ausgeleiert. Im Gegensatz zu *Messjeans* sagen einem Personenwaagen die Wahrheit knallhart ins Gesicht. Täglich.

Sport ist Mord

Gerade als ich begonnen hatte, den Teig für das Haferflachbrot zu kneten, klingelte es an der Tür. Es war aber nicht das typische Doppelklingeln von Heike, die ich auch mit schmutzigen Händen empfangen hätte. Wilde Verwünschungen gegen Vertreter für Tiefkühlkost, Zeugen Jehovas und Nachbarn, die von der Wiege bis zur Bahre alles im Internet bestellen, obwohl sie den ganzen Tag nicht zu Hause sind, ausstoßend wusch ich mir schnell die Hände und eilte zur Tür. Dort war niemand. Ich dachte schon, dass eine neue Familie mit Klingelstreichkindern in unsere Gegend gezogen sei und ich wieder meinen Hinter-der-Tür-warten-und-blitzschnell-zugreifen-Trick anwenden müsse, aber dann sah ich meine nette, ältere Nachbarin, deren Garten an unseren stößt, vor Heikes Haus und rief ihr zu: »Guten Tag, Frau Branner, wollten Sie zu mir?«

Sie drehte sich um und lächelte verlegen: »Ja. Ich will aber gar nicht stören.«

»Sie stören doch nicht!«, log ich.

Sie kam zurück. »Ich wollte nur mal schauen, ob Ihr Mann da ist.«

»Nein, der arbeitet heute außer Haus. Kann ich ihm etwas ausrichten?«

»Ich wollte fragen, ob er mal nach meinem Fernseher sehen könnte. Ich glaube, der ist kaputt. Der ist plötzlich ausgegangen.«

»Vielleicht war mal kurz der Strom weg. Lässt er sich denn wieder einschalten?«

»Das könnte ich mal ausprobieren. Danke!« Sie strahlte mich so dankbar an, als hätte ich das gute Stück in stundenlanger Arbeit eigenhändig repariert.

»Sagen Sie Bescheid, wenn er nicht mehr geht. Mein Mann schaut ihn sich gerne mal an, wenn er heimkommt.«
Meistens reichte es, alle Steckverbindungen zu überprüfen.
»Vielen Dank! Und entschuldigen Sie die Störung!«
»Keine Ursache!«

Am späten Nachmittag klingelte das Telefon. Frau Branners Fernseher hatte sich wieder von selbst abgeschaltet, und ihre Stimme verriet mir, dass sie den Tränen nah war. »... und um diese Zeit erreiche ich meinen Elektriker bestimmt nicht mehr.«
»Ich komme rüber und sehe ihn mir mal an«, versprach ich. Entgegen der landläufigen Meinung können auch Frauen Steckverbindungen überprüfen. Und wenn es nicht daran lag, konnte ich zumindest etwas Trost spenden und ihr recht geben, dass diese neumodischen Geräte viel zu schnell kaputt gehen. Um zu ihrem Haus zu gelangen, kann man es wie ausgebüxte Zwergkaninchen machen oder den offiziellen Weg über die Querstraße nehmen, die unsere mit ihrer Straße verbindet. Da ich mich gerade nicht auf Kaninchenjagd befand, entschied ich mich gegen die Abkürzung und überlegte mir unterwegs, warum ein kaputter Fernseher eine ältere Dame so in Verzweiflung stürzen konnte. Als ich aus einem Haus, in dem anscheinend sehr schwerhörige Menschen fernsahen, das aufgeregte Gestammel eines Sportreporters hörte, war mir alles klar: Winterolympiade! Die Frage, warum Leute anderen Menschen beim Sport zusehen, anstatt sich selbst zu bewegen, wird mir wahrscheinlich nie jemand zu meiner Zufriedenheit beantworten können. Denn ich esse auch lieber selbst, anstatt anderen beim Essen zuzusehen.

Ich erinnerte mich plötzlich an die Anfangszeit unserer Beziehung, als ich in der Fernsehzeitung ein Länderspiel entdeckt hatte und frischverliebt und großzügig dem gutmütigen Göttergatten, der damals natürlich noch nicht mein Gatte gewesen war, angeboten hatte, es in die gemeinsame Gestaltung des Samstagabends zu integrieren: »Möchtest du heute Abend das Fußballspiel sehen?«

»Muss ich?«

Nach dieser Antwort hatte ich gewusst, dass dies der Mann fürs Leben ist. Hurra! Ich hatte einen Partner gefunden, der nicht gern Sport guckt! Wo ist der Heuhaufen? Ich zeige euch, wo die Nadel steckt ... Und es stört mich auch heute noch nicht, dass er stattdessen gerne stundenlang auf einen anderen Bildschirm starrt und wild auf der Tastatur herumklackert, denn zum Glück wird Quelltext nicht laufend von einem durchgeknallten Reporter kommentiert. Man kann also entspannt neben ihm sitzen und ebenfalls auf einen Bildschirm starren, den man selbst wild klackend mit durchgeknallten Texten füllt.

Frau Branner wartete bereits in der offenen Haustür. Die Sportentzugserscheinungen waren ihrem Gesicht deutlich anzusehen. Ich hielt mich deshalb auch nicht lange mit irgendwelchen überflüssigen Höflichkeitsfloskeln auf, ging direkt ins Wohnzimmer und schaltete den Fernseher ein, der kurz darauf das hysterische »Gold für Deutschland!« von sich gab und die dazugehörige Zeitlupe zeigte. Nein, Sport war wirklich nichts für mich. Schon allein diese grellbunten Klamotten waren überhaupt nicht mein Fall. Frau Branner starrte zwei Sekunden lang völlig geschockt auf den Sportler in der psychedelischen Montur, der von ebenso kostümierten Teamkollegen umhalst wurde, nahm sie sich zum Vorbild und umarmte mich. Ich hatte eigentlich nur den Fernseher eingeschaltet!

»Frau Branner, ich kann mir das auch nicht erklären, warum er ständig ausgeht. Aber anscheinend lässt er sich danach wieder problemlos einschalten. Versuchen sie es einfach mal, wenn das wieder vorkommt.«

Sie bedankte sich überschwänglich, und ich konnte mir endlich vorstellen, wie sich Superman gefühlt haben muss, wenn er mal wieder die Welt gerettet hatte. Die Tasse Tee, die sie mir anbot, lehnte ich lieber ab, da ich sie sicherlich vor dem Fernseher serviert bekommen sollte, und mir der Sportreporter bereits mächtig auf den Zeiger ging. Warum nur suchten sich diese Leute keinen anständigen Beruf wie zum Beispiel Verkäufer auf einem Fischmarkt, wenn das Herumschreien ihre einzige Begabung war?

Am Abend erzählte ich dem gutmütigen Göttergatten von meiner Heldentat.

»Hat Frau Branners Fernseher vielleicht eine Schlummerfunktion?«, fragte er mich grinsend.

»Eine was?«

»Bei vielen Geräten kann man einstellen, dass sie sich nach einer Weile von selbst abschalten, damit sie nicht die ganze Nacht laufen, während man im Sessel pennt.«

Ich rief Frau Branner an und erzählte ihr, dass der gutmütige Göttergatte eine Idee habe, woran das plötzliche Abschalten liegen könne, und bot ihr an vorbeizukommen. Sie klang ganz aufgeregt, als sie uns einlud, die Abkürzung durch die Gärten zu nehmen. Es war anscheinend dringend. Bei ihr drüben klickte sich der gutmütige Göttergatte durch die Menüs, während Frau Branner ihm mit leicht geöffnetem Mund hochkonzentriert zusah. Auf dem Bildschirm tauchte der

Punkt *Sleep Timer* auf, und es standen *60 Min, 120 Min, 180 Min* und *Aus* zur Wahl. Markiert war *180 Min*, und ich sah dem Gesicht des gutmütigen Göttergatten an, dass er sich dasselbe fragte wie ich: Wer um alles in der Welt hält es hundertachtzig Minuten lang vor dem Fernseher aus? Bei Sportreportagen bekomme ich bereits nach achtzehn Sekunden Zustände.

Laut sagte er: »Bei Ihrem Gerät war eingestellt, dass es sich nach drei Stunden automatisch ausschaltet. Ich habe das geändert. Das Problem dürfte jetzt nicht mehr auftreten.«

Sah ich Tränen in ihren Augen, als sie sich wortreich bedankte? »Aber wozu braucht man denn das?«, fragte sie verwundert. »Ich hatte das vorher noch nie!«

»Wahrscheinlich sehen Sie sonst nie drei Stunden am Stück fern ...«

»Ja, das stimmt. Aber jetzt bei der Olympiade ... Ich habe den Fernseher auch erst seit Oktober. Oder war es September? Hm ... Willi besuchte mich Ende September. Dann muss es Oktober gewesen sein. Es hat schrecklich geregnet an dem Tag, und der Karton war ganz nass, als er ihn ins Haus brachte.« Sie sah mich verwirrt an, und ich erwiderte den Blick.

»Ist das ein Virus der NSA?«, fragte sie mich ängstlich.

»Nein, diese Funktion ist den Herstellern vom EU-Gesundheitsministerium vorgeschrieben, damit die Verbraucher spätestens nach drei Stunden Sportübertragung sich selbst bewegen und einen Spaziergang machen. Das senkt das Thromboserisiko.«

»Die EU mischt sich aber auch in alles ein! Wenn ich Olympiade sehen oder krumme Gurken oder kleine Äpfel essen möchte, dann geht die das überhaupt nichts an! Was dieser Irrsinn uns Steuerzahler kostet!« Sie stutzte und drohte mir dann mit dem Finger. »Sie sind ein ganz böses Mädchen! Mich alte Frau so zu verkohlen!«

Erleuchtung

Lustlos schlenderte ich durch die Lampenabteilung des Baumarkts. Ich suchte eine kleine, schlichte Nachttischleuchte, aber mit meinem Geschmack hinkte ich wohl mal wieder zwanzig Jahre hinter der Mode her. Oder gehörte ich in Wahrheit zur Avantgarde? Wollte ich etwas, das in fünf Jahren ein Revival haben wird? Sollte ich einfach irgendeine der billigeren kaufen und in fünf Jahren noch einmal vorbeikommen?

»Wie gefällt dir die?«, fragte der gutmütige Göttergatte geduldig.

»Ich weiß nicht ...«

»Irgendeine müssen wir nehmen. Und am besten gleich zwei, damit sie zusammenpassen.«

»Hm ...«

Eigentlich fing alles damit an, dass ich einen Apfel in appetitliche Stücke zerteilen wollte. Ich schnitt ihn munter mittendurch und in den Finger, den ich nicht rechtzeitig in Sicherheit gebracht hatte. Nachdem ich die Wunde vorsichtig gewaschen und trockengetupft hatte, wickelte ich ein Stück Küchenkrepp um den betroffenen Körperteil und begab mich auf die Suche nach einem Pflaster. In meiner unteren Nachttischschublade horte ich einen Vorrat, mit dem ich in Krisenzeiten nicht nur sämtliche Nachbarn im Umkreis von 500 Metern von Kopf bis Fuß bedecken, sondern auch ihre lärmenden Kinder wasserfest zum Schweigen bringen könnte. Wenn ich das wollte. Dementsprechend vollgestopft war diese Schublade. Ich zog sie auf und hörte einen gedämpften Plumps. Ich dachte mir nichts dabei und versorgte meine kleine Schnittverletzung. Nachdem ich die Packung mit den restlichen

Pflasterstrips an ihren angestammten Platz zurückgelegt hatte, wollte ich die Schublade wieder schließen, was jedoch nicht vollständig möglich war. Das erklärte den Plumps. Ich hob den Nachttisch vorsichtig an und setzte ihn dreißig Zentimeter weiter vorn wieder ab. Dabei achtete ich darauf, dass meine Nachtischleuchte nicht durch einen Ruck am Kabel heruntergezogen wurde. Freudestrahlend hob ich nicht nur eine Packung mit sterilen Wundverbänden auf, deren Verfallsdatum ich umgehend sorgfältig überprüfte, sondern auch eine Packung Papiertaschentücher, einen Kugelschreiber und ein gerahmtes Passfoto, das einen sehr jungen und sehr freundlich dreinblickenden gutmütigen Göttergatten zeigte. Dinge, die sich im Laufe der Zeit heimlich aus der oberen Schublade verabschiedet hatten. Vielleicht sollte ich in Zukunft den Plumpsen mehr Beachtung schenken. Es wäre möglich, dass auf diesem Wege endlich auch ein nachvollziehbarer Lösungsvorschlag für das Problem der verschwindenden Socken erarbeitet werden könnte!

Lächelnd betrachtete ich das Foto, zärtlich befreite ich dieses heißgeliebte Objekt, dessen Fehlen ich noch gar nicht bemerkt hatte, vom Staub, der sich reichlich unter dem Nachttisch angesammelt hatte, beschloss, Letzteren häufiger einmal beim Putzen vorzuziehen, und staubte die anderen Gegenstände ebenfalls sorgfältig, jedoch weniger zärtlich ab. Dabei fiel mir leider die Packung mit den Papiertaschentüchern hinunter. Ich versuchte sie abzufangen, schubste sie durch diese unüberlegte und dadurch unkoordinierte Bewegung jedoch unters Bett. Ich legte die anderen Fundstücke an ihre angestammten Plätze in der oberen beziehungsweise der unteren Lade und holte den Staubsauger. Mit seiner Hilfe verschwand der Staub, der durch das Vorziehen des Nachttischs zum Vorschein gekommen war. Dabei achtete ich sorgfältig darauf, dass meine Nachttischleuchte nicht durch einen Ruck am Kabel heruntergezogen wurde. Ich schob den Nachttisch wieder an die Wand, verstaute das Kabel der Leuchte dahinter und saugte gleich noch das ganze Schlafzimmer, da das ja nie schadet – und der Staubsauger nun schon einmal von mir herangebückelt worden war. Mit geübtem Schwung ließ ich ihn von allen Seiten unter das Bett gleiten, machte vor Schreck einen ordentlichen Satz, als plötzlich ein lautes Plopp zu hören war, und ließ den Staubsauger fallen. Ich hatte die Packung mit den Papiertaschentüchern gefunden! Der Motor jaulte, und die Nachttischleuchte des gutmütigen Göttergatten, die ich mit meiner panischen Bewegung versehentlich hinuntergeworfen hatte, erzeugte beim Auftreffen auf dem Fliesenboden einen ordentlichen Knall. Zum Glück lag der Staubsauger griffbereit zu meinen Füßen, und ich konnte auch gleich noch die Splitter der Leuchte beseitigen. Der gutmütige Göttergatte, der neugierig die Schlafzimmertür öffnete, schlug vor, zum Baumarkt zu fahren und gemeinsam neue Nachttischleuchten auszusuchen. Da wir auch Spachtelmasse für die Fliese kaufen mussten, aus der bei dem Absturz ein kleines Stückchen herausgeplatzt war, rentierte sich die Fahrt.

Nachdem wir die Spachtelmasse nach relativ kurzer Suche im Fach für Fliesenkleber gefunden hatten, stand ich nun in der Lampenabteilung und machte ein dummes Gesicht. Anscheinend hatte es sich noch nicht bei allen Herstellern herumgesprochen, dass die bunten Quietschfarben aus den Siebzigern, die in der Zwischenzeit ein Revival gefeiert hatten, inzwischen wieder out waren. Die Achtziger waren jetzt eigentlich in. Warum aber ausgerechnet die Farben, die ich bereits damals nicht hatte leiden können, nun besonders stark vertreten waren, entzog sich meiner Vorstellungskraft. Hilfe!

»Gibt es die vielleicht auch in Grau?«, fragte ich in meiner Verzweiflung.

»Sieht nicht so aus«, antwortete der gutmütige Göttergatte.

»Oder Weiß?«

»Ich sehe keine.«

»Mist!«

»Aber ich sehe was, was du nicht siehst!« Und schon war er losgesprintet, um einen Verkäufer einzufangen, der sich unvorsichtigerweise in die Nähe der Kundschaft gewagt hatte. Offensichtlich war der neu in dem Job.

»Eigentlich suche ich eine schlichte Nachttischleuchte in Weiß, Grau oder Schwarz, die nicht so leicht umfällt.« Ich schenkte dem Verkäufer ein gewinnendes Lächeln. Er sah sich stirnrunzelnd um. Wahrscheinlich hatte er selten Kunden mit so außergewöhnlichen Wünschen.

»Wie wäre es mit diesem gedeckten Kiwigrün?« Er hielt mir das fürchterliche Teil schwungvoll vor die Nase. Dabei wackelte es munter hin und her.

Ich überlegte, ob ich ihm erklären sollte, was ich unter Stabilität verstand, verwarf die Idee jedoch, da ich keine Expertin für Grundschulpädagogik war und sicher nicht die richtigen Worte gefunden hätte. »Ich habe zu Hause eine Nachttischleuchte in Form eines Würfels mit zehn Zentimetern Kantenlänge.«

Er glotzte mich verständnislos an. Plötzlich wurde mir klar, was er wohl gerade dachte: *Wenn du zu Hause eine Leuchte hast, was willst du dann von mir, du dumme Nuss?*

»Ich hätte gerne eine zweite für den Nachttisch meines Mannes«, fügte ich deshalb schnell hinzu.

»Es ist immer schwierig, eine zweite nachzukaufen. Die sehen meistens ein bisschen verschieden aus.«

»Haben sie denn eine würfelförmige aus Glas?«

»Nein.«

Ich sah mich zum wiederholten Mal in der Abteilung um und verstand, was er damit meinte, dass sie ein bisschen verschieden aussehen würden. Ein bisschen sehr verschieden. Meine hatte weder ein orangefarbenes Schirmchen noch einen Fuß aus Messing. Sie bestand einfach nur aus einem Glaswürfel, in den man eine Glühbirne hineinschrauben konnte, und einem Kabel. Warum nur war ich mit so einem simplen Geschmack zur Welt gekommen? Konnte man die Liebe zu Knallfarben erlernen? Wo wurde so ein Kurs angeboten? Und was kostete der?

Aus dem Augenwinkel sah ich, wie der gutmütige Göttergatte mit einem raschen Schritt dem Verkäufer den Weg abschnitt. Dieser Saukerl hatte anscheinend vorgehabt, sich dünn zu machen. Aber da kannte er den Helden meines Alltags schlecht! »Können Sie uns eine würfelförmige Glaslampe bestellen?«, fragte der gutmütige Göttergatte, und ich bewunderte seinen messerscharfen Verstand. Ja, in Krisensituationen konnte ich mich auf ihn verlassen. Wo ich mich stumm der Verzweiflung hingab, lief er zur Höchstform auf.

»Ich frage mal meine Kollegin!« Mit diesem uralten Trick wollte der Baumarktmitarbeiter wohl einen allerletzten Versuch starten uns loszuwerden, aber wir folgen ihm einfach. Nachdem er vergeblich probiert hatte uns abzuhängen, indem er ein paar Haken geschlagen hatte, kamen wir nach etwa zwei Minuten wieder in der Lampenabteilung an, wo keine anderen Kunden zu sehen waren. Eine Mitarbeiterin hatte dort – wahrscheinlich genau aus diesem Grund – ihre Zelte aufgeschlagen und sortierte Kartons mit Lampen falsch ein. Von unserem plötzlichen Auftauchen völlig überrumpelt, gestand sie nach kurzem Verhör, die von mir beschriebene Lampe schon einmal gesehen zu haben. Während wir ihren Kollegen als Geisel festhielten, suchte sie das gewünschte Objekt im Lager und händigte es mir mit den Worten aus: »Dieses Modell wird seit Jahrzehnten hergestellt. Es ist vor allem bei Senioren sehr beliebt. Jetzt zum Muttertag haben wir für unsere Kunden einen besonderen Service: Sie können die Lampe kostenlos an der Information als Geschenk einpacken lassen.« Sprach's und war wie vom Erdboden verschluckt. Als wir die Abteilung verließen, sahen wir auch den Grund. Uns kamen zwei Kunden entgegen.

»Komm, Oma, nimm deine Lampe! Wir gehen zur Kasse!«, flüsterte der gutmütige Göttergatte.

»Soll ich sie anschließend als Geschenk einpacken lassen?«

»Wozu?«

»Na, die ist doch eigentlich für dich, Opa.«

Zu Risiken und Nebenwirkungen

Nachdem ich den Beipackzettel des Nahrungsergänzungsmittels mehrmals aufmerksam durchgelesen hatte, verstand ich leider noch immer nicht einen Satz, der unter Wechselwirkungen aufgeführt war. Auch der gutmütige Göttergatte war ratlos. Das nahm mir zumindest die Zweifel an meiner Lesekompetenz. Ich beschloss, die Quelle allen Übels zu suchen, indem ich die Quelle der Tabletten aufsuchte: die Apotheke.

Vor mir warteten bereits zwei Kunden hinter einer alten Dame, die anscheinend ihr Hörgerät nicht trug oder noch nicht eingesehen hatte, dass sie eines brauchte. Ihr wurde ausführlich und lautstark erklärt, dass die von ihr gewünschten Medikamente nicht frei verkäuflich seien. Sie konterte mit dem Argument, dass sie sie das letzte Mal ebenfalls aus dieser Apotheke bezogen hatte.

»Damals hatten Sie aber sicherlich ein Rezept vom Arzt dabei!«, brüllte die Dame im weißen Kittel.

»Ja, der Arzt hat sie mir verschrieben. Und jetzt brauche ich neue.«

»Dann müssen sie zum Arzt gehen und ein neues Rezept holen!«

»Warum? Ich habe Ihnen doch beim letzten Mal das Rezept dagelassen. Haben Sie es verschlampt?«

»Das gilt nur für eine Packung!«

»Ich will aber doch auch nur eine Packung!«

»Lassen Sie sich vom Arzt ein Rezept für die Packung geben, die Sie jetzt brauchen. Das alte Rezept galt nur für die alte Packung!«

»Sie haben mir eine alte Packung verkauft? Mit uns Kassenpatienten können Sie's ja machen!«

»Nein, die Packung war nicht abgelaufen! Ich meinte die Packung, die Sie letztes Mal hier bekamen! Für die galt das Rezept, das Sie letztes Mal mitgebracht haben!«

»Da zieht man vier Kinder groß, und wenn man alt ist, dann ...«

»Die Packung war vollkommen in Ordnung!«

»Dann geben Sie mir doch einfach noch so eine.«

»Gehen Sie zum Arzt und holen Sie sich ein Rezept!«

»Der Arzt hat zu. Ich brauche neue Tabletten. Die Schachtel ist leer.« Sie stieß den Stock wie zur Bestätigung auf den Boden, was auf mich großen Eindruck machte. Ihre Schwiegertochter gehörte wahrscheinlich zur Stammkundschaft der Apotheke, weil sie sicherlich nicht ohne Baldrianpillen durch den Alltag kam.

»Dann müssen Sie zu seiner Vertretung gehen!«

»Ich hasse Vertreter! Die klingeln immer im falschen Moment und wollen mir etwas verkaufen!«

»Ich meinte: Sie müssen zu dem Arzt gehen, der die Urlaubsvertretung macht! Kennen Sie Dr. Wilde?«

»Nein, kenn' ich nicht. Ich geh' immer zu Dr. Bart. Schon seit vielen Jahren!« Das konnte gar nicht sein, denn er hatte erst vor etwa einem Jahr die Praxis seines Vaters übernommen, der ganz überraschend verstorben war. War ihr der Unterschied gar nicht aufgefallen?

»Dr. Wilde macht für Dr. Bart die Urlaubsvertretung! Gehen Sie zu ihm! Dort bekommen Sie ein Rezept!«

»Da muss ich doch warten!« Das war natürlich ein Argument, das ich in meiner aktuellen Situation sehr gut nachvollziehen konnte. Dennoch fand ich den Vorschlag der Apothekenmitarbeiterin grandios! Der weiße Kittel zahlte sich echt aus!

Zum Glück erschien die Kollegin, die bisher nur im Hintergrund herumrumort hatte, und bediente den Herrn hinter der Vertreterhasserin. Langsam ging es voran, und nach einer Weile war ich dran. Zum Glück hatte die alte Dame die Apotheke inzwischen verlassen, denn das Schreien der anderen Angestellten hatte die Verkaufsgespräche bis dahin sehr stark behindert und zu ständigen Rückfragen geführt. Nun verstand man endlich wieder sein eigenes Wort und ich präsentierte der Dame in Weiß stolz meine Nahrungsergänzungsmittelpackung und stellte meine Frage zum doppeldeutigen Hinweis auf Wechselwirkungen.

Sie sah mich ratlos an. »Ich bin noch in der Ausbildung.«
»Weiß ihre Kollegin Bescheid?«
Sie strahlte. »Frau Burkhardt«, wandte sie sich an die Mitarbeiterin neben ihr, die vom vielen Schreien etwas außer Atem war, »kennen Sie sich damit aus?« Sie hielt die von mir mitgebrachte Packung hoch.

»Selbstverständlich! Davon nehmen Sie täglich eine Tablette zu einer Mahlzeit«, antwortete die Angesprochene mit leicht heiserer Stimme.

»Darum geht es nicht. Ich verstehe einen Punkt auf dem Beipackzettel nicht.« Und ich wiederholte meine Frage zu den Wechselwirkungen.

Sie kam zu uns herüber, holte den Zettel aus der Schachtel und begann zu lesen. Hinter mir in der Schlange wurde es unruhig.

»Es geht um die Wechselwirkungen«, fügte ich noch einmal hinzu.

»Ja, die sind hier auch aufgeführt. Moment.« Sie studierte weiter den Zettel. »Ah! Da haben wir's.« Sie las mir den Abschnitt laut vor. Sehr laut. Wahrscheinlich hatte sie nach dem vorhergehenden Verkaufsgespräch noch nicht wieder ihre normale Sprechweise wiedergefunden. Als sie geendet hatte, packte sie den Beipackzettel wieder in die Packung, strahlte mich an und verkündete: »Das macht fünf Euro vierzig. Nehmen Sie's?«

»Nein, die Packung habe ich mitgebracht. Die hatte ich gestern bei Ihnen gekauft. Als ich daheim den Beipackzettel durchlas, verstand ich den Abschnitt mit den Wechselwirkungen nicht. Der Satz ist doppeldeutig.« Ich holte den Zettel wieder heraus und las ihr den Satz vor. »Was bedeutet das genau?«

Sie drehte ihn zu sich und las ebenfalls den Satz vor. Schweigen. Ihre Augen waren erwartungsvoll auf mich gerichtet. Die Auszubildende hielt ihren Blick gesenkt. Warum bediente sie nicht in der Zwischenzeit die Kunden hinter mir? Da ich gar nicht wissen wollte, welches Schriftstück man mir dann vorgelesen hätte, verzichtete ich aber lieber darauf, diese Frage laut zu stellen.

»Das kann man auf zweierlei Weise verstehen«, versuchte ich verzweifelt ihr klarzumachen. »Darf ich die Tabletten grundsätzlich nicht nehmen, wenn ich Schwurbeletten einnehme, oder darf ich sie nur nicht direkt zusammen mit den Schwurbeletten hinunterschlucken. Weiter unten ist ein Abstand von einer Stunde erwähnt. Aber der Satz ist doppeldeutig.«

»Sie sollten Tabletten immer einzeln einnehmen. Wenn sie zwei Tabletten zusammen runterschlucken, kann es zu Verletzungen im Rachenraum oder in der Speiseröhre kommen.«

»Das meinte ich nicht wortwörtlich. Ich meinte nacheinander, aber eben direkt nacheinander.«

Sie sah mich verständnislos an.

»Die Dame möchte wissen«, mischte sich die Auszubildende zaghaft in das Gespräch ein, während in der Schlange hinter mir die ersten gingen, »ob sie diese Tabletten gar nicht nehmen darf, wenn sie Schwurbeletten einnimmt.«

Ihre Kollegin schenkte ihr einen Blick, als wollte sie sagen: »Was weißt du dummes Küken von der großen, weiten, pharmazeutischen Welt!« Dann las sie mir den Abschnitt mit den Wechselwirkungen erneut vor. Es folgte Schweigen.

»Ja, und wie ist die Antwort auf meine Frage?«

»Ich habe es Ihnen eben vorgelesen«, war die inzwischen leicht genervt klingende Antwort.

Ich verlor die Geduld. »Ob Sie es glauben oder nicht: Ich kann tatsächlich selbst vorlesen, wie ich vorhin vor Zeugen bewiesen habe.« Hinter mir erklang ein zustimmend klingendes Gemurmel. »Sie können mir natürlich – anstatt meine Frage zu beantworten – den Text noch ein paar Mal vorlesen. Vielleicht kommt mir eine Erleuchtung, wenn ich den Text auswendig kenne.«

»Ich kann auch gerne das Vorlesen übernehmen, während Sie die Leute vor mir bedienen«, rief der Herr, der zuletzt die Apotheke betreten hatte. Der Vorschlag fand großen Anklang hinter mir.

»Am besten fragen Sie Ihren Arzt«, riet mir die Dame in Weiß merklich leiser als vorher.

Und das tat ich auch. Zum Glück las er mir nicht diesen albernen Text vom Beipackzettel vor, den ich selbst heute noch bruchstückhaft auswendig kann. Es ist nämlich nicht ratsam, in Gegenwart eines Arztes einen hysterischen Schreikrampf zu bekommen. Die sollen das angeblich ernster nehmen als Ehemänner, habe ich aus unzuverlässiger Quelle mal erfahren. Seither kaufe ich meine Medikamente in der anderen Apotheke hier am Ort. Die hohe Apothekendichte in Deutschland hat etwas für sich! Und die Nahrungsergänzungsmittel bestelle ich über eine Internetapotheke. Die Beratung finde ich sehr zufriedenstellend. Die Informationen bekomme ich zwar schriftlich, aber sollte ich sie je einmal nicht verstehen, kann ich sie mir auch vom gutmütigen Göttergatten vorlesen lassen. Er hat eine wesentlich angenehmere Stimme als die Dame in der Apotheke, und ich müsste dazu nicht extra das Haus verlassen, Ja, ich könnte dabei sogar bequem auf dem Sofa liegen und mich sanft in den Schlaf lesen lassen. Das hätte was!

Inzwischen ist der Absatz mit den Wechselwirkungen auf dem Beipackzettel auch um ein Komma und ein Personalpronomen länger, stellte ich vor einer Weile beim Kauf einer frischen Packung fest. Erstaunlich, was das ausmacht!

Rasenentgrasen

Es half alles nichts! Nach drei Wochen Dauerregen war das Gras so hoch, dass ich am ersten schönen Tag den Rasenmäher aus der Garage holte und mir die dazugehörige Anleitung gründlich durchlas. Normalerweise kümmerte sich der gutmütige Göttergatte um die Gartenarbeit, aber den hatte ich als Strafe für seine unerlaubten Rückenschmerzen zu Hausarrest verdonnert. Nun stand ich im Garten, blätterte in der Anleitung und beäugte das elektrische Gerät wie ein Ufo von einem anderen Stern.

»Vergiss nicht, die Kupplung immer ganz durchzutreten, wenn du den Gang wechseln willst!«, rief mir Heike fröhlich zu. Warum nur hatte sie die Spüle direkt unter dem Küchenfenster und bekam immer sofort alles mit? Wahrscheinlich darum.

»Mach dein Fenster zu! Hier zieht's!«, rief ich gespielt fröhlich zurück.

»Du hast in deinem Leben noch nicht oft den Rasen gemäht, nicht wahr? Zuallererst musst du den Stecker reinstecken.«

»Wahnsinnig komisch! Ich will mir nur einen Überblick verschaffen, worauf ich achten muss.«

»Ganz einfach: Die Messer gehören nach unten und der Stecker in die Steckdose. Du darfst niemals über das Kabel fahren, ins Messer greifen oder die Stricknadel in die Steckdose schieben.«

»Ich will nur schnell nachsehen, wo bei unserem Mäher die Stricknadel angebracht ist.«

»Warte! Ich komm' rüber!«

Mist! Das hatte ich befürchtet! Warum hatte ich die Anleitung nicht im Haus gelesen?

»Das Gras ist ganz schön hoch bei euch!«, stellte sie wenig später fachmännisch fest.

»Es hat die ganze Zeit geregnet! Wann hätten wir da mähen sollen? Wie macht ihr das? Mäht ihr in Regenkleidung oder mit Schirm?«

»Letzte Woche war es am Sonntagnachmittag recht schön.«

»Stimmt! Da gingen wir spazieren. Du mähst sonntags den Rasen?«

»Du hörst dich an wie Frau Branner! Die fühlte sich auch gestört. Aber mal ehrlich: Wer trinkt denn schon um drei Uhr Kaffee auf der Terrasse?«

»Jemand, der um zwölf zu Mittag gegessen hat?«

»Na, legen wir los! Ich habe nicht ewig Zeit!«

»Womit willst du loslegen?«

»Mit dem Rasenmähen! Womit sonst?«

»Das bekomme ich auch selbst hin. Vielen Dank!«

»Du meinst, wenn du ein bisschen kreuz und quer durch den Garten läufst, ist die Sache erledigt ...«

»Ich dachte mehr so an Reihen. Mit Bogen um die Sträucher.«

»Bogen um die Sträucher! Wenn ich das schon höre!«

»Warum? Soll ich geradewegs drüberfahren?«

»Nein, aber du musst mit dem Rasenkantentrimmer erst einmal die Kante ...äh...«

»Trimmen? Dafür verwenden wir immer einen elektrischen Trimmdichpfad.«

»Einen was? Ach, du willst mich veralbern! Das sieht hier reichlich unordentlich aus, wenn ich das mal so offen anmerken darf. Das Gras wächst im Zickzack in den Rindenmulch unter den Sträuchern. Ihr solltet dort Betonkanten dazwischensetzen als klaren Abschluss.«

»Ich will meinen Garten nicht zubetonieren ...«

»Nur die Kanten!«

»Und wie biegt man die Betonkanten zurecht, damit sie um die Sträucher passen?«

»Ihr könnt auch lauter einzelne Steine nehmen!«

»Die dann von den Regenwürmern im Laufe der Zeit im Boden versenkt werden.«

»Also, so einen Blödsinn habe ich noch nie gehört! Seit wann können Regenwürmer Steine bewegen?«

»Hast du noch nie von Stonehenge gehört?«

Heike sah mich streng an: »Du willst mir jetzt aber nicht weismachen, dass das von Regenwürmern gebaut wurde!«

»Nein, aber man kann mit der richtigen Technik riesige Steine bewegen. Regenwürmer entfernen so lange die Erde unter den Steinen, bis die kippen, absacken und unter den Regenwurmhäufchen verschwinden. Mit der Zeit rutschen sie immer tiefer, und man muss sie neu setzen – also die Steine und nicht die Regenwürmer. Darauf habe ich echt keine Lust!«

»Du meinst, meiner Mutter wurden gar nicht die Dekokiesel aus dem Vorgarten gestohlen?«

»Wie bitte?«

»Sie hatte Kieselsteine aus einem Urlaub mitgebracht und im Vorgarten verteilt. Und eines Tages im Frühjahr waren sie weg. Wir fragten uns immer, wer so etwas klaut, aber sie hat unheimlich viele Regenwürmer.«

»Stochere ein bisschen zwischen den Pflanzen, und du findest die Steine in der Erde.«

»Momentan sieht man immer mehr Vorgärten, die ganz aus Kies oder Ziersplit gestaltet sind.«

»Da kapituliert selbst der eifrigste Regenwurm und gründet eine Selbsthilfegruppe. Außerdem schütten die bestimmt regelmäßig Unkrautvernichter drauf. Da lebt und wächst nichts mehr.«

»Meinst du? Ich habe auch damit geliebäugelt, aber Manfred will lieber was Grünes im Vorgarten.«

»Dann nimm doch grüne Steine. Oder spare dir den Algenvernichter und warte, bis sie von allein grün werden.«

»Viel Ahnung hast du nicht, oder?«

»Nein, und ich bin stolz drauf! In unserem Garten ist Platz für Natur. Die meisten Pflanzen sind nicht gepflanzt, sondern von allein aufgetaucht.«

»Das sieht mehr nach einer feindlichen Übernahme aus. Ist das ein Grashalm, da zwischen dem Löwenzahn und dem Klee, oder täusche ich mich?«

»Grashalm? Wo? Hab' ich den beim Jäten übersehen? Als wir die Kleefläche einsäten, rechneten wir nicht damit, dass sich so viel Rasen dazwischen ansiedeln würde. Der Samen weht wohl von den Nachbarn herüber.« Und ich blickte mit strengem Gesicht auf Heikes Zierrasen, bei dem ausschließlich Halme und kein einziges Blättchen zu sehen waren.

»Unser Rasen sät nicht aus. Der wird regelmäßig gemäht! Und erzähl mir nicht, dass ihr den Klee absichtlich gesät habt.«

»Kennst du das nicht? Das nennt sich Schattenklee-Löwenzahn-Mischung. Kann sich halt nicht jeder leisten, deshalb bevorzugen die meisten den billigeren Rasen. Aber dass ihr eurem nicht mal erlaubt, zu blühen und auszusäen, finde ich echt nicht in Ordnung! Lebewesen wollen sich nun mal vermehren. Das ist ein Instinkt! Zur artgerechten Haltung gehört auch, dass die Pflanzen alle ihre Instinkte ausleben dürfen.«

»Das meinst du aber nicht ernst, oder?«
»Nein.«
»Gut. Dann lass uns anfangen, sonst wird das nix. Ich hole mal unseren Rasenkantentrimmer. Ihr scheint ja keinen zu besitzen.«
»Wozu?«
»Na, um eure Rasenkanten zu trimmen. Hörst du mir denn nie zu?«
»Veto! Veto! Pflanzenquäler haben in unserem Garten Hausverbot! Am Ende kommst du noch auf die Idee, das Unkraut zwischen der Heide rauszureißen, ohne vorher die große Mutter Erde um Vergebung zu bitten.«
»Du hast einen Knall!«
»Das kommt davon, dass ich hier die ganze Zeit in der Sonne stehe, anstatt den Schattenklee zu mähen. Gehst du mir mal aus dem Weg? Du stehst vor der Steckdose.«

Heike mache einen Schritt zur Seite und merkte erst dann, dass sie vor dem Apfelbaum gestanden hatte, an dem nun wirklich keine Steckdose angebracht war. Ich klemmte das Kabel mit ernstem Gesicht in eine Astgabel und blätterte weiter in der Bedienungsanleitung.

»Du stehst wirklich schon zu lange in der Sonne.« Heike lachte. »Sag Bescheid, wenn du Hilfe brauchst. Ich gehe wieder an meine Arbeit.«

Ich wünschte ihr fröhlich »Viel Spaß!« und steckte den Stecker diesmal in eine reale Steckdose.

Nachdem ich den Rasen rund um die Sträucher, an der Hecke entlang und an den Stellen, an denen man für gewöhnlich langging, gemäht hatte, entfernt ich den gröbsten Dreck vom Rasenmäher und schob ihn zurück an seinen Platz in der Garage. Ich drehte mich um und stieß einen kleinen Schreckensschrei aus, weil Heike plötzlich vor mir stand. »Warum räumst du ihn weg?«

»Wen?«

»Frag nicht so. Den Rasenmäher!«

»Damit er nicht so blöd im Garten herumsteht. Das solltest du mit deinen zwei Betonkühen auch mal machen.«

»Das sind Rehe!«

»Rehe leben im Wald und stehen nicht wie bestellt und nicht abgeholt im Vorgarten herum!«

»Das ist mir schnurz! Ich liebe Deko-Rehe! Du hast einen riesigen Unkrautflecken mitten auf eurem Rasen stehen lassen. Dass dir so was nicht auffällt, ist mir ein Rätsel!«

»Meinst du etwa unsere Rabatte?«

»Eure was?«

»Na, die Rabatte – oder Wildblumeninsel. Die lassen wir für die Bienen und Hummeln stehen.«

»Dieses Unkraut? Was wollen die damit?«

»Muss ich dir das mit den Bienchen und Blümchen jetzt ernsthaft erklären, oder kann ich gleich zum Kapitel über Sex weiterblättern?«

»Warum nennst du diese Mini-Brache *Rabatte*?«

»Ich wollte mich auf das Niveau deiner Gartenbauexpertensprache begeben. Eine Rabatte ist ein Stück des Gartens, auf dem Blumen wachsen. Und bei uns sieht das eben so aus.«

»Ich sehe nur Unkraut!«

»Sieh genauer hin!«

»Oh, ja! Da sind Vergissmeinnicht!«

»Die sind da unter dem Apfelbaum aufgegangen, weil die Vögel die Samen in Frau Branners Garten fressen und anschließend bei uns vom Baum runtersch... äh... Naja, und daneben wachsen Gänseblümchen, Rotklee, Butterblumen, Löwenzahn ...«

»Und Gras! Fast einen halben Meter hoch!«

»Ja! Ist es nicht erstaunlich, was das alles kann, wenn man es lässt?«

»Ist das so eine Art antiautoritäre Pflanzenerziehung?«

»Endlich verstehst du mich!«

»Warum legt ihr nicht eine echte Rabatte an?«

»Weil man die ständig jäten und gießen müsste. Wir erklären einfach das Unkraut zu Rabattenpflanzen und schauen uns gepflegte Gärten auf Facebook an.«

»Da zwischen den beiden Apfelbäumen würde sich ein Rosenbogen gut machen.«

»Ist das so eine Rankhilfe?«

»Ja, für Kletterrosen. Das sieht sehr hübsch aus! Ich überlege seit einer Weile, ob ich einen neben unserer Terrasse aufstelle. Wenn man auf der einen Seite eine rote und auf der anderen Seite eine weiße Rose pflanzt, dann wächst das oben in der Mitte so hübsch durcheinander.«

»Durcheinander klingt super! Kann man den auch für Ackerwinden und Zaunwinden verwenden?«

Happy Birthday

Im Prinzip kam ich immer sehr gut damit zurecht, dass Heike an ihrem Geburtstag traditionell um zehn Uhr zum Brunch statt nachmittags zu Kaffee und Kuchen einlädt, weil ich ohnehin ein Frühstücksmuffel bin. Dass dort unheimlich viele Frauen, sind, die ich so gut wie nicht kenne, weil ich sie immer nur einmal im Jahr sehe und nie verstehen werde, ist jedoch ein Problem für mich. Dass dieses Jahr zu ihrem Vierzigsten noch mehr fremde Frauen als sonst eingeladen waren, vergrößerte mein Problem nicht nur proportional zur Gästezahl, sondern exponentiell.

So kostete es mich wieder viel Überwindung, den Klingelknopf zu drücken, und ich stand vor ihrer Haustür, presste die in dunkelblaues Geschenkpapier verpackte und mit einer silbernen Schleife verzierte Humor-Anthologie, der ich einen Gutschein für eine bekannte Drogeriemarktkette beigefügt hatte, an meine Brust und holte tief Luft. Leider waren die Lungen erst halb voll, als die Tür von Britney aufgerissen wurde. »Sorry! Die sollte eigentlich offen bleiben. Mama ist in der Küche.«

Ich bedankte mich und begrüßte gespielt fröhlich ein Rudel Frauen, die irgendwie alle die gleiche Frisur wie Heike hatten, im Flur saudämlich im Weg herumstanden und so in ein Gespräch vertieft waren, dass sie mich überhaupt nicht zur Kenntnis nehmen konnten, und schlängelte mich zwischen ihnen durch in Richtung Küche. Mir wehten ein paar Satzbrocken nach: »Wer ist das?« – »Nachbarin« – »Die hat's aber eilig ans Buffet zu kommen!« Und ich wusste, dass ich wieder irgendetwas falsch gemacht haben musste, weil ich nie weiß, wie man sich in solchen Situationen zu verhalten hat. Wenn man mir sagt »Mama ist in der Küche!«, dann betrachte ich das als Aufforderung, mich dorthin zu begeben. Wenn man mich im Flur haben will, muss man zu mir sagen: »Mama will euch im Flur herumstehen haben, damit das Wohnzimmer schön sauber bleibt.« Dann stelle ich mich brav in den Flur. Aber nur dann. Ja, ich denke manchmal wie ein Mann. Deshalb verstehen der gutmütige Göttergatte und ich uns auch so gut.

»Oh! Schön, dass du da bist!«, begrüßte mich Heike. Anscheinend hatte ich doch nichts falsch gemacht. »Du kannst die zwei Platten reintragen, während ich den Sekt öffne.«

Ich gratulierte ihr und wollte mein Geschenk überreichen.

»Oh, danke! Leg es bitte auf den Geschenketisch.«

Da sie mir gleichzeitig mit ungeduldigem Gesichtsausdruck die zwei Platten entgegenhielt, klemmte ich mir das Buch unter den linken Arm und nahm entsprechend verkrampft die Platten entgegen. Blöde Idee! Damit das Buch nicht rutschte, bewegte ich mich in einer völlig unnatürlichen Haltung und kam nur langsam vorwärts. Die neugierigen Blicke und halblauten Kommentare aus dem Flur gaben mir endgültig den Rest: »Na, die muss ja Hunger haben.« – »Weiß die nicht, dass es auch Teller gibt?«

Ich habe da so eine geheime Theorie, die ich nur einem sehr kleinen Personenkreis – nämlich meinen Leserinnen und dem Leser – anvertraue: Ich glaube, dass es mit der Emanzipation der Frauen nicht wegen der Blockadehaltung der Männerwelt nicht so recht vorangehen will, sondern weil wir Weiber einander nicht das Schwarze unter den Nägeln gönnen, uns lieber mit Psychospielchen und Gezicke die Zeit vertreiben und uns gegenseitig an den Rand des Nervenzusammenbruchs lästern, statt wie die Jungs im Zweifelsfall felsenfest zusammenzuhalten. Landläufig wird das gerne mal *Humor* genannt. Warum auch immer.

»Ach, Kinners! Jetzt kommt endlich rein und steht nicht nur im Flur herum! Der Fliesenboden nutzt sich ja ganz ab!« Heikes Stimme hinter mir ließ mich zusammenzucken. Zum Glück fiel nur das Geschenk hinunter, und ich konnte eine Platte glücklich auf dem Buffet abstellen. Für die zweite war dort leider kein Platz mehr. Innerlich fluchend stand ich vor dem Tisch, balancierte das riesige Ding auf meiner rechten Hand und fragte mich, wie ich das Geschenk aufheben sollte, ohne eine Slapstick-Nummer für das dankbare, durch die Zimmertür spannende Publikum zu inszenieren. Heike war inzwischen im Flur und versuchte, ihre Gäste – demnächst wahrscheinlich unter Androhung von massiver Gewalt – endlich ins Wohnzimmer zu bugsieren. Mein Großvater hatte früher seine Hühner immer mit einer Dachlatte vorsichtig vor sich her dirigiert, schoss es mir durch den Kopf. Vielleicht sollte ich Heike diesen Tipp mal fürs nächste Jahr geben? Denn irgendwie wuselte es da draußen auch wie im Hühnerstall hin und her, aber keine der Hennen schien intelligent genug zu sein, das Schlupfloch zum Wohnzimmer zu finden. Ich atmete tief durch, bekam einen meiner unauffälligen Anfälle und kickte das Buch mit dem Fuß vor mir her zum Geschenketisch, unter dem es sich Cindy bequem gemacht hatte. Dafür, dass ich in der Schule immer als Letzte in die Fußballmannschaft gewählt worden war, klappte das sogar. Dort schob ich den Geschenkestapel mit der linken Hand ein wenig zurecht und stellte die Platte einfach mitten drauf, wo sie sich sogar ausgesprochen gut machte, weil der Lachs hervorragend mit den Quietschfarben der verschiedenen Geschenkpapiere harmonierte. Dann hob ich mein Geschenk vom Boden auf und führte es verfolgt von Cindys neugierigen Blicken seinem Bestimmungsort zu. Zum Glück war sie kein Hund, der gerne apportierte. Das Papier war ein wenig ramponiert und die Schleife zerknautscht, aber da das Dunkelblau sofort optisch in den Hintergrund trat, schien es sich neben diesem grellbunten Haufen fast in nichts aufzulösen. Fasziniert betrachtete ich das Phänomen, als mir Britney ein Glas Sekt anbot. Ich bedankte mich, drehte mich um und stand ganz allein vor dem Geschenketisch, während sich die Einheitsfrisurträgerinnen in der sich gegenüber vom Buffet befindenden Ecke zusammendrängelten. Heike stand genauso einsam wie ich direkt vor dem Buffet, blickte verzweifelt in die Runde und hob ihr Glas. Wollte sie eine Rede halten? Oder auf sich selbst trinken? Plötzlich wurde mir klar, dass sie wahrscheinlich genauso unsicher war wie ich. Sie riss sich zusammen. »Herzlichen Dank, dass ihr ...« Der Rest ging unter, weil die Eckensteherinnen plötzlich wie verabredet *Happy Birthday* sangen. Kann man über gute Manieren demokratisch entscheiden? Cindy rannte jaulend in den Flur. Ich beschloss, mich nicht der Mehrheit anzuschließen und lieber später am Abend unter der Dusche *Somewhere Only We Know* zu schmettern. Aber endlich ging mir auf, wozu man professionelle Partyplaner braucht. Sie würden dieses Chaos im Handumdrehen in die richtigen Bahnen lenken, weil sie zwischen den Veranstaltungen erfolgreich ihrem eigentlichen Beruf (Ziegenhirte oder Raubtierdompteur) nachgehen.

Nach dem Lied herrschte betretenes Schweigen. Alle schauten erwartungsvoll auf Heike, und auch ich schielte ein wenig in ihre Richtung. Leichenblass stand sie vor dem Buffet mit dem vollen Glas in der Hand. Ich musste sie retten. Das war ich ihr schuldig. »Herzlichen Glückwunsch zum Geburtstag, liebe Heike! Auf dein Wohl!«, rief ich und hob mein Glas. Sie lächelte mir zu, schwenkte ihres ein wenig unkontrolliert durch die Gegend, was mir die heimliche Frage aufdrängte, ob sie den Sekt schon in der Küche probiert hatte, und antwortete: »Herzlichen Dank! Ich danke euch allen, dass ihr gekommen seid. Das Buffet ist eröffnet! Bitte bedient euch!« Sie trat einen Schritt zur Seite, aber die Kuhherde stand noch immer schweigsam und dicht zusammengedrängt in der Ecke. Fieberhaft blätterte ich im Geiste im Benimmbuch. Worauf warteten die noch? Ich rief »Wir trinken auf dein Wohl, liebe Heike!« und nahm einen kleinen Schluck.

Nichts. Oder besser: fast nichts. Denn es drang etwas wie »Die Alkoholiker können es natürlich nicht länger abwarten.« an mein Ohr. Gefolgt von dezentem Gekicher.

Abwarten? Was abwarten? Wollten gefühlte vierzig Gäste – Heike hatte sich nämlich anscheinend an die alte Kindergeburtstagsregel gehalten, so viele Gäste wie Lebensjahre einzuladen – erst alle miteinander anstoßen, bevor getrunken wird? Jeder mit jedem? Haben die sich mal ausgerechnet, wie lange das dauert, wenn man pro Anstoßen und weitergehen fünf Sekunden einplant? Waren sie überhaupt in der Lage, das zu berechnen? Und wer soll den geordneten Ablauf organisieren? Und eine Strichliste führen, um doppeltes Anstoßen zu verhindern? Und warum hatten sie nicht längst damit angefangen?

Während ich noch überlegte, stieg Heike auf einen Stuhl, kippte ihren Sekt in einem Zug runter, tippte mit dem Fingernagel gegen das Glas und rief: »Haut wech die Scheiße! Und dann haut rein! Die Schnittchen werden sonst kalt!« Anscheinend lagen auch bei ihr die Nerven blank. Ich half ihr vom Stuhl, erwiderte ihre spontane Umarmung und schritt dann energisch zur Tat, indem ich einen Teller vom Buffet holte und mir eines der Lachsbrote vom Geschenketisch nahm. Heike klatschte ehrlichen Beifall, rief laut »Bravo!« und sah ihre anderen Gäste grimmig entschlossen an. Aber dort hatte inzwischen ein Stimmungsumschwung stattgefunden, denn ich konnte mich gerade noch in Sicherheit bringen, um nicht zwischen Herde und Buffet eingeklemmt zu werden. Aus dem Tellerklappern war zwar eine mir mittlerweile recht gut bekannte Stimme herauszuhören, die zischte: »Manche Leute kommen wohl nur zum Fressen auf eine Party!« Aber ich stellte munter mein Glas auf meinen Teller, hielt es mit dem Daumen fest, und ließ mir in aller Ruhe das Schnittchen schmecken. Heike war nicht nur eine hervorragende Köchin, sondern hatte auch Ahnung, wie man ein kaltes Buffet ansprechend gestaltet. Das sagte ich ihr auch, als sie mit einem frisch aufgefüllten Glas neben mir auftauchte. Sie tätschelte mir mit verdächtig glänzenden Augen die Wange und erwiderte: »Du bist mein Lieblingsehrengast. Ich wüsste nicht, was ich ohne dich tun sollte. Die sind alle furchtbar!«

»Warum hast du sie dann eingeladen?«

»Das muss ich doch! Das sind doch meine Freundinnen!« Sie prostete vage in Richtung Schlacht am Buffet und trank aus.

Neben mir ertönte eine mir inzwischen wohlbekannte Stimme: »Ach, liebe Heike, das sieht ja alles so köstlich aus! Ich hoffe, es stört dich nicht, wenn ich das Brot nicht esse, ich mache gerade Low-Carb!«

»Das ist kein Problem, liebe Vanessa, ich nehme dir gerne den Sekt ab, und du kannst ein Wasser haben.«

»Den Sekt? Warum?«

»Weil der zu viele Kohlenhydrate enthält, und ich deinem Diäterfolg nicht im Weg stehen möchte.« Während ich mich fragte, ob das Glitzern in Heikes Augen alkoholische oder gehässige Gründe hatte, nahm Heike Vanessas Glas und leerte den Inhalt in ihr eigenes. »Wasser steht in der Küche!«

»Hast du auch einen Saft da?«

»Ja, aber die Säfte enthalten riesige Mengen Kohlenhydrate, die ich dir wirklich nicht zumuten kann. Es ist schlimm genug, dass ich euch mit selbstgebackenem Brot und Obst vergiften wollte. Was habe ich mir nur dabei gedacht!« Sie hielt sich mit der freien Hand an meiner Schulter fest und leerte ihr Glas in einem Zug.

»Das Brot ist herrlich, aber du solltest vielleicht zwischendurch auch mal ein Wasser trinken«, flüsterte ich ihr zu.

»Warum? Ich mache seit eben eine Low-Fat-Diät! Da sind Kohlenhydrate erlaubt!«

»Ja, meinetwegen, aber leere Kohlenhydrate sind bei keiner Diät erlaubt. Iss mal ein Schnittchen oder ein bisschen von dem Obst.«

»Weissu, was ich mach? Ha? Weissu nich? Ich schnapp mir am Ende die Teller und esss die Brotressste, die meine reizssenden Gässste so dezssent beissseiteschieben, während sie nur kiloweissse den Belag futtern.«

Ich sah dieser Vanessa, die mit knallrotem Kopf vor uns stand, direkt in die Augen und fragte sie mit zuckersüßem Lächeln: »Wieviel haben Sie denn schon abgenommen mit dieser Diät?«

»Drei Pfund in zwei Wochen.«

»Ja, das ist bekannt, dass die ersten fünf Kilo nur Wasser sind. Wenn es an die Fettreserven geht, wird es schwieriger.

Ich habe übrigens meine Diäten auf Diät gesetzt, indem ich sie auf ein Minimum reduziere.«

Plötzlich waren wir von einem großen Teil der Herde umringt. Das Stichwort *Diät* wirkte offenbar wie ein Magnet. Anscheinend war ich die Einzige, der es merkwürdig erschien, beim Futtern darüber zu diskutieren. Ohne Heikes halbe Umarmung hätte ich mich bestimmt wieder ausgeschlossen gefühlt. Aber sie hatten recht: Selbst mein Benimmbuch erachtete lediglich die Themenbereiche *Politik*, *Religion* und *Krankheit* als ungeeignet für Small Talk.

»Was ist das für eine Diät?«, fragte mich irgendeine der Damen, die ich auch nach eingehender Betrachtung noch immer nicht auseinanderhalten konnte.

»Hasssu nich zugehört? Eine Diäten-Diät!«, rief Heike und schwankte verdächtig.

»Dabei verzichtet man auf sämtliche Diäten«, erläuterte ich freundlich.

»Und was isst man da so?«, wollte diese Vanessa wissen.

»Alles, was einem bekommt.«

»Und wie viel?«

»Man isst, bis man satt ist.«

»Und wie viel haben Sie damit abgenommen?«

»Von gestern auf heute 300 Gramm. Wir hatten zum Abendessen Spargel.«

»300 Gramm an einem Tag? Das ist viel!«, merkte eine Betonfrisurträgerin an, die nach Haarspray stank.

»Ich glaube«, mischte sich Heike ein, »ich probier' mal eine Mischung aus Low-Carb und Low-Fat. Da esse ich ersssst den Belag von den Schschnittchen, und dann spüle ich das Brot mit Ssssekt runter. Oder nennt man dasss Trennkosssst?«

Verschwörungen

Rums! »Britney! Komm sofort zurück! Sonst hol ich dich, Fräulein!«

Vor Schreck fiel ich fast rückwärts unsere Eingangstreppe hinunter. Ich hatte gerade die Tür abgeschlossen und wollte zum Metzger, als hinter mir eine Autotür heftig zugeschlagen wurde. Heikes Gebrüll tat ein Übriges. Warum nur war ich so schreckhaft? Nach fünfzehn Jahren in dieser lauten Nachbarschaft hätte doch mal langsam ein Gewöhnungseffekt eintreten müssen. Wahrscheinlich war Taubheit meine einzige Hoffnung. Aber auf diese neumodischen Rasenmäher war einfach kein Verlass mehr!

»BRITNEY!!!« Heikes Stimme kippte von einem schrillen BRIT zu einem heiseren NEY, und es war sehr gut, dass der Name ihrer Teenagertochter keine weitere Silbe hatte. Wer weiß, was dann mit ihrer Stimme passiert wäre? Aber selbst wenn, hätte man sie wegen Cindys aufgeregtem Gekläffe nicht verstehen können.

»Hallo, Heike.« Schnell wollte ich an ihr vorbeiwitschen, aber sie stieg gerade aus und sah sich anscheinend nach jemandem um, der ihrer Ansicht, dass Teenager einfach das Allerletzte sind, vorbehaltlos zustimmte. Hilfe. Ich wollte eigentlich nur etwas Hähnchenfleisch kaufen.

»Ach, Monika, du weißt gar nicht, wie gut du es hast! Wenn sie klein sind, sind sie so lieb und süß, aber wenn sie in dieses gewisse Alter kommen, dann könnte man ihnen einfach nur noch täglich den Hals umdr...«

»Du meinst: Dann sind sie weniger lieb und süß.« Gleichzeitig fragte ich mich: Wenn Britney immer lieb und süß gewesen war, aus welchem Haus war dann in früheren Jahren das aufsässige Wutgeheul gekommen? Spukte es etwa in unserer Nachbarschaft?

»Ich sehe, du verstehst mich!« Heike nahm neben mir ihre typische Tratschposition ein, indem sie ihr Gewicht auf das linke Bein verlagerte, den rechten Fuß spielerisch auf dem Absatz hin- und herschaukelte und die linke Hand in die Hüfte stemmte.

Was war aus *Sonst hol ich dich* geworden? Inkonsequentes Verhalten der Eltern ist Gift für die Erziehung! Das weiß doch jeder Kinderlose! »Ach, ich habe keine Ahnung von Erziehung«, versuchte ich mich herauszureden.

»Meinst du, das kommt von der Impfung?«

»Dass ich keine Ahnung habe?«

»Nein, Britneys Aufsässigkeit und Launen. Kommen die von der Masernimpfung?«

»Hast du sie jetzt erst gegen Masern impfen lassen?«

»Nein, als sie klein war. Aber man liest so viel über die Langzeitwirkungen. Von diesen schrecklichen Impfungen kann man alle möglichen Krankheiten bekommen!«

»Sagt wer?«

»Das habe ich gelesen.«

»Wo?«

»Im Internet.«

»Wo im Internet?«

»Auf so einer Gesundheitsseite für Eltern. Ich weiß nicht auswendig, wie die heißt, aber du kennst sie ja sowieso nicht. Du hast ja keine Kinder.«

»Nein, aber meine Quellen haben ein vertrauenerweckendes Impressum.«

»Inzwischen gibt es viele Seiten, die auf diese gefährlichen Impfschäden hinweisen! Aber wir wussten das damals noch nicht, dass das zu Wesensveränderungen und Hirnerweichung führen kann. Sonst hätte ich mein liebes, kleines Mädchen ganz bestimmt nicht impfen lassen!«

Waren das Tränen in ihren Augen? »Aber Britney ist doch ein ganz normaler Teenager ...«

»Normal? Die ist nicht mehr normal! Erst will sie unbedingt diesen saudämlichen Gitarrenunterricht, und dann will sie ihn plötzlich nicht mehr! Als erfahrene Mutter sag ich dir: Das ist nicht normal! Das war diese verflixte Impfung! Das Serum vermischt sich jetzt mit ihren Hormonen und verseucht ihr Gehirn!«

Ich fand es an der Zeit, die Ständige Impfkommission ein wenig in Schutz zu nehmen. Außerdem ritt mich wohl der Teufel. »Hast du ihr, als sie ein Baby war, viele Bananen gefüttert?«

»Ja, warum?«

»So mit der Gabel zerdrückt unter den Brei gerührt, oder ganz dem nur durch versehentliches Schlucken unterbrochenen Spieltrieb überlassen?«

»Was?«

»Das wäre natürlich auch eine Erklärung ...«

Heike sah mich erschrocken an. »Was meinst du mit Erklärung? Wofür?«

»Es ist statistisch erwiesen, dass Jugendliche, die in der Kindheit Bananen aßen, später in der Pubertät launisch herumspinnen. Das habe ich im Internet gelesen.« Wenn man die Zähne fest zusammenbeißt, muss man nicht so leicht grinsen, wenn man gerade Müll erzählt.

»Du meinst, das kommt von den Bananen?«

»Ich bin kein Experte.«

»Aber alle kleinen Kinder essen gerne Bananen! «

»Und alle Teenager spinnen herum.«

»Da ist was dran! Aber warte mal! Meine Cousine Anne hat mit sechzehn fürchterlich herumgesponnen, und die ist aber in der DDR aufgewachsen. Dort gab es ja gar keine Bananen!«

Mist! Warum hatte ich nicht Apfel gesagt? »Dort gab es zwar nur selten Südfrüchte, aber kannst du es komplett ausschließen, dass sie nicht doch einmal eine Banane bekommen hat? Oder sogar zwei?«

»Nein. Mein Onkel hatte gewisse Beziehungen. Du weißt schon. Wir reden in der Familie nicht drüber ...«

Super! Während ich noch über ein geeignetes Ablenkungsmanöver nachgedacht hatte, hatte ein dunkles Familiengeheimnis sie genügend irritiert, um unaufmerksam zu sein. Der Rest war bestimmt ein Klacks! »In manchen Fällen reicht bereits eine einzige Banane! Das Zermatschen verschlimmert die Wirkung um ein Vielfaches, weil eine größere Oberfläche mit Sauerstoff in Berührung kommt. Bei der Oxidation werden tertiäre Pflanzenstoffe gebildet, die diese Spätschäden verursachen. Richtig schlimm ist das im Sommer, wenn die Ozonwerte besonders hoch sind. Und dazu noch die schlechte Luft in manchen Teilen der DDR!«

»Dann hat Manfred also doch recht ...«

Das brachte mich kurz aus dem Konzept. War meine Idee gar nicht so einzigartig, wie ich mir eingebildet hatte? Hatte bereits ein anderer Spinner diese abstruse These aufgestellt? Und im Internet verbreitet? Wozu? Dort gibt es doch gar keine Nachbarinnen, die man aus purer Langeweile auf den Arm nehmen kann. »Womit hat Manfred recht?«

»Ich sage immer, dass er nicht schlingen soll, aber er ist stur und stopft so eine Banane in Windeseile in sich rein. Meine Schwiegermutter meint, dass er immer sehr brav war und ihr stets nur Freude gemacht hat. Ich konnte das bisher nicht so recht glauben, aber jetzt ...«

»Isst sie gerne billige Pralinen?«

»Ja, warum?«

»Dann glaub ihr kein Wort! Die Verbindung aus Industriezucker und Butterreinfett schädigt das Erinnerungsvermögen. Und der Kakao sorgt dafür, dass alles im Nachhinein als viel angenehmer empfunden wird. Wenn dann auch noch Alkohol oder gar Kirschen im Spiel sind ...« Ich machte eine bedeutungsschwangere Pause.

»Naja, sie redet wirklich viel Müll.«

»Siehst du!«

»Sie ist aber auch gegen Pocken geimpft.«

»Was hat das mit Bananen zu tun?«

»Äh ... nichts.«

»Da haben wir's! Zermatschte Bananen sind ein Teufelszeug!« Da sprach aus mir zur Abwechslung einmal die echte Überzeugung. »Bananen sind zwar die Früchte einer Pflanze, enthalten aber keine Samen. Steck eine Banane im Garten in die Erde, und du wirst feststellen, dass sich nichts daraus entwickeln wird! Ich frage dich: Ist das noch normal?«

»Stimmt! Das ist nicht normal! Kein Wunder, dass unsere Kinder danach auch nicht mehr normal sind. Ich kenne da eine Seite, die behauptet, dass die Kulturform der Banane von Außerirdischen stammt. Die haben die wilden Bananen, die Samen enthalten, mit extraterrestrischer Flora gekreuzt, die sich über Ableger vermehrt.«

»Ist das die Seite, auf der vor den Impfungen gewarnt wird?«

»Nein, aber dort steht auch, dass hinter den Impfempfehlungen die Lobby der Pharmaunternehmen steckt, die den Impfstoff herstellen.«

»Aber sie sagen nicht, dass die Ständige Impfkommission aus Außerirdischen besteht?«

»Nein.« Heike schaute mich etwas misstrauisch an. »Dort habe ich auch gelesen, dass die Titanic vom sowjetischen Geheimdienst versenkt wurde.«

»Das war sicherlich, nachdem Mata Hari die Baupläne einer Zeitmaschine an den KGB verraten hatte. Steht dort auch etwas über Rosemarie Nitribitts Verbindungen zur CIA, oder geht das in den ganzen Theorien über 9/11 unter?«

»Ja, zu den Terroranschlägen steht da einiges. Ich konnte mich bisher noch nicht für eine der vielen Theorien entscheiden. Manfred meint, ich soll keine glauben, in der Elvis im Spiel ist. Aber selbst das schränkt die Auswahl nicht wirklich ein.«

»Dachte ich mir! Die Seite ist sehr gefährlich!«

»Du meinst Computerviren?«

»Nein, Verschwörungstheorien! Lebensgefährlich! Sie werden in unsere Gehirne gepflanzt und zerstören so nach und nach unseren Verstand!«

»Davon habe ich noch nie gehört!«

»Das ist ja das Schlimme an dieser Verschwörung! Sie ist ganz extrem streng geheim!«

»Geht es dir gut?«

»Ja, denn ich halte mich von solchen Seiten fern, und wenn es sich nicht vermeiden lässt, trage ich beim Lesen eine Sonnenbrille, damit die Verschwörungsstrahlen nicht in mein Gehirn eindringen können. Hinter diesen Seiten stecken ganz schlimme Leute! Die erfinden diese Sachen, um uns harmlosen Internetsurfern Angst zu machen!«

»Was haben die davon?«

»Auf den ersten Blick nichts, und man könnte meinen, dass es sich bei den Urhebern dieser aberwitzigen Theorien um arme Würstchen handelt, die keiner beachtet und die nur auf diesem Weg ein kleines Krümelchen vom Aufmerksamkeitskuchen abbekommen. Aber wenn man genauer hinsieht, entdeckt man die große, einzigartige, ultimative Verschwörung, die dahintersteckt. Man will uns in Angst und Schrecken versetzten, um heimlich hinter unserem Rücken die Weltherrschaft an sich zu reißen!«

»Du meinst, der Seehofer ist nur der Anfang?«

»Der und die EU sind harmlos im Vergleich!«

Plötzlich stand Britney neben uns. »Was ist jetzt, Mama? Ich dachte, du wolltest mich holen? Beeil dich, ich komme zu spät zur Gitarrenstunde!«

Heike blickte fassungslos auf die Frucht ihrer Lenden.

»Gib ihr keine billigen Pralinen mehr!«, riet ich ihr und nutze die Schrecksekunde, um mich eilends in Richtung Metzger davonzumachen.

Bereits erschienen:

Monika Kubach
Gut gelaufen, Thisbe!
Ida Obersteyns Tagebuch 2011
Eine Satire

Aus einem Interview mit Ida Obersteyn vom 13.2.2012:
»(...) Als Mutter von sechs Kindern bin ich natürlich automatisch eine Multitasking-Expertin. Anders könnte man eine so große Familie auch gar nicht so erfolgreich managen. Ich kann zum Beispiel gleichzeitig die Spülmaschine laufen lassen, mit einer Freundin telefonieren, auf ein Paket warten, die Wäsche trocknen, die Fertigpizza im Ofen backen, unsere große Tochter beim Putzen beaufsichtigen und den Zwillingen über die Köpfchen streichen, wenn sie an mir vorbeirennen. Mein Mann kann immer nur eine Sache auf einmal. Männer sind eben vom Mars und wir Frauen vom Vesuv. (...)«

Broschiert – 168 Seiten
ISBN-13: 978-3844818918
Preis: 10,50 € (Stand 2014)
E-Book: 5,49 € (Stand 2014)

Monika Kubach

150 Limericks
Eine Reise durch Deutschland

Ein Buch zum Lesen, Verschenken und An-die-Wand-prügeln. Die Reise von Aachen nach Zwickau in genau 150 Limericks. Unterwegs trifft man in Städten und Dörfern Leute wie diese:

Den Nachbarn Hans-Otto aus Biberach,
den hielt immer nächtens ein Biber wach.
Statt Gift zu kaufen,
geht er nun saufen
und macht jetzt nachts selbst noch viel lieber Krach.

Es kann sich ein Dackel aus Oberhausen
vor harmlosen Tierärzten so sehr grausen.
Er jault dann immer
im Wartezimmer.
Dabei will man nur seinen Po entlausen.

Der Segelsportfan Kurt aus Wasserburg,
der hielt mal die ganze Regatta durch.
Am Ziel sprach dann
ein alter Mann:
»Schaut, Kinder, da kommt ja ein nasser Lurch!«

Broschiert – 56 Seiten
ISBN-13: 978-3848227907
Preis: 3,90 € (Stand 2014)
E-Book: 1,99 € (Stand 2014)